어쩌면
당신
이야기

동인 수수밭길 9호 수필집

어쩌면 당신 이야기

초판 1쇄 발행 2025. 5. 12.

지은이 ｜ 동인 수수밭길
펴낸이 ｜ 임길순
펴낸곳 ｜ 한국산문

편집인 ｜ 김미원, 김숙
디자인 ｜ 이성화

등록 ｜ 제2013-000054호
주소 ｜ 03131 서울특별시 종로구 율곡로6길 36, 207호 208호
전화 ｜ 02-707-3071   팩스 ｜ 02-707-3072
이메일 ｜ koreaessay@hanmail.net

ISBN 979-11-94015-12-3 (03810)
ⓒ 동인 수수밭길, 2025

값 14,000원

※ 이 책 내용의 전부 또는 일부를 재사용하려면
　 저작권자와 한국산문의 동의를 받아야 합니다.

동인 수수밭길 9호 수필집

어쩌면 당신 이야기

한국산문

추천사

모든 비즈니스는 예술이다
- 동인수수밭길 제9호 『어쩌면 당신 이야기』 발간에 부쳐

임헌영 (문학 평론가)

내가 '생활글 수필 창작'이라는 간판을 내걸고 강의를 처음 시작한 게 1993년이니, 어언 만 32년이나 되었다. 수필 창작 앞에 '생활글'이라는 전위적인 술어를 창출한 것은 내 개인의 전매특허였으나 그 뒤로 많은 분이 사용하게 되었다. 지금도 나는 이런 제목의 강의야말로 전 국민 필수 과정의 하나가 되어야 할 만큼 쌈빡한 발상이었다고 자부한다.

시나 소설, 드라마나 영화, 평론이 아닌 모든 글이 넓은 의미의 '생활글 수필'이다. 편지글, 일기, 자기소개서, 스피치나 웅변 원고, 기행, 독서 지도와 논술, 보고서, 르포, 자서전과 전기, 참회록 등등 누구나 살아가노라면 쓰기 마련인 모든 글을 '생활글'로 분류했다. 가끔은 한국 출판계와 잡지 편집, 단행본 제작 등에 대해서도 강의했다. 한국 문단에서 말하는 수필문학은 문학적 향기가 짙은 작품들로 별도의 범주에 넣었다. 나는 이 두 범주의 글을 통틀어서 '산문문학'이라는 명칭을 써야 한다고 주장했고, 내 창작 강의의 요지이다.

전 국민이 자신의 생애를 자서전으로 남기는 운동을 펼쳐야 한다는 것이 내 지론이었다. 물론 그 안에는 자기의 찬양만이 아니라 통절한 참회의 사연도 담아야 하며, 그것을 후손들에게 물려주자는 취지였다. 워낙 양심 불량증 환자가 많은 사회라서 그 치유법의 한 방안으로 주장한 것이었다.

첫 강의에서 나는 '생활글 수필 창작' 강의를 2~3년간 계속 들으면 이것으로 밥벌이를 할 수 있게 해주겠다고 큰소리쳤다. 독서 지도나 논술 강사가 될 수도 있고, 남의 전기를 대필해 주거나, 출판사의 교정 아르바이트 등등 뭐든 할 수 있도록 강의하겠다고 장담했었다.

그런데 30여 년이 지났지만 내 강의를 듣고 돈벌이를 하게 되어 고맙다는 인사를 들은 건 구우일모九牛—毛라고나 할 만큼 아주 드물다. 이럴 때마다 내가 즐겨 하는 변명은 "나는 돈벌이 하도록 명강의를 했지만, 여러분이 내 강의를 허투루 들어서 안 된 겁니다"라고 발뺌하면서도 내가 돌팔이가 아닌가 자책도 한다. 그런데 나는 지금도 이런 나의 '생활글 수필창작'에 대한 관점에는 변함이 없다. 맙소사, 도대체 나는 언제 철 들려나!

글을 쓰려는 동기나 목적, 읽히고 싶은 대상 등은 제각각이지만, 자기 글에 공감해 주기를 바라는 마음에서는 모두가 일치한다. 그 공감대를 형성하는 기교가 곧 창작 방법론인데, 인류 모두의 얼굴과 체격, 지문, 눈동자, 손금, 성대 등이 제각각이듯, 살아가는 방법과 운명도

다 달라서 창작 방법론도 제각각일 수밖에 없다. 그러므로 글쓰기에 어떤 황금 법칙도 존재하지 않는다. 다만 항상 그 시대의 전위주의, 보통 사람들보다 한 걸음 앞서가는 미학적인 모험을 두려워하지 말고 감행하라는 것을 강력히 주장한다.

문학에서의 전위주의는 웬만큼 알려져 있기에, 예술 전반으로 그 전위적인 모험이 얼마나 험난한 광야를 질주하는가를 보면 용기가 생길 것이다. 전위란 기법만이 아니라 다루는 주제나 소재에서도 어떤 성역이 없이 세상사 모든 걸 다루는 용기도 포함된다.

예를 들어 앤디 워홀(Andy Warhol, 1928~1987)은 미국 예술운동의 전위주의자로 그 직종이 팝 아티스트, 산업 디자이너 일러스트, 화가, 아방가르드 영화, 레코드 프로듀서, 작가 등등으로 유명하다. 예술은 대중을 위해서 존재한다는 신념을 가진 그가 다룬 많은 상품 (캠벨 수프 캔, 샤넬 N°5, 코카콜라, 앱솔루트 보드카 병, 브릴로 패드 상자 등)과 인물들의 초상화 (엘비스 프레슬리, 마이클 잭슨, 말론 브란도, 엘리자베스 테일러, 잉그리드 버그먼, 메릴린 먼로, 블라디미르 레닌, 마오쩌둥, 체 게바라, 존 F. 케네디, 지미 카터 등)는 대중의 관심을 끌기 충분하다. 이 외에도 지폐, 원자폭탄, 권총, 자유의 여신상, 전기의자, 석양, 꽃, 「최후의 만찬」까지도 그의 작품에 등장한다.

미국적인 후기 산업사회의 실상과 비판을 그대로 다루면서 전위예술의 우상이 된 그는, 엄청난 작품과 일화를 남겼다. 그중에서도 "모든 비즈니스는 예술이다"라든가, "돈벌이는 예술이고, 노동도 예술이며, 돈 되는 비즈니스는 그중 최고의 예술이다."라는 말이 잊히지 않는다. 그가 다룬 모든 소재는 바로 생활글 수필의 소재로도 전혀 손색이 없다. 그런데도 왜 그런 주제들이 작품으로 등장하여 대중들의 환호를 받지 못했을까.

30여 년간 생활글 수필창작 강의를 해 오면서, 내가 강조하지 못한 것이 예술과 비즈니스 간의 함수 관계였던 것 같아서 이렇게 객담을 늘어놓았다.

수수밭길 동인지 제9호 『어쩌면 당신 이야기』에 참여한 작가는 24명이다. (가나다순)

권담희, 김미라, 김수진, 김숙, 김영도, 김인자, 김정중, 김혜정, 노순이, 박은실, 박해원, 방순이, 안병용, 윤종원, 윤태봉, 이덕란, 이상술, 이성훈, 이성화, 정희영, 조성진, 조양여, 조정임, 진윤순.

이들 작가 한 분 한 분에 대해서는 이성화 회장이 언급했으니 여기서는 생략하겠다. 다만, 모두에게 전하고 싶은 말은, 이만한 글쓰기 실력이면 전위적인 모험에 도전해도 손색이 없으니, 보다 과감하게 투신해 주기를 바란다.

내년, 제10호 동인지에서는 수수밭 초창기부터 참여했던 모든 분의 활기찬 작품으로 큰 잔치가 열리기를 기대한다.

발간사

사랑하는 사람들의 서사를 엮다

이성화 (수수밭길 회장)

사랑할 줄 알아야만 멋진 글을 쓸 수 있다.
-동인수수밭길 제6호 『목요일 오후』 추천사 중

임헌영 평론가는 늘 강조한다. 관심에서 비롯된 관찰로 그 대상의 속내까지 간파하는 것은 절절한 사랑의 심정이 일어나야 가능한 일이다. 글쓰기를 하려면 우주 삼라만상부터 인간, 그리고 그 인간이 만들어 낸 모든 사회와 역사까지를 두루 사랑하는 걸 배워야 한다. 험악한 세상 속에서도 다행히 올바른 사랑법을 터득한 회원들이 모여 만든 글 모임이 수수밭길이라고 했다.

그런 배움의 과정 덕분인지, 우리는 어느 모임에서나 암묵적으로 금기시하는 정치나 종교 이야기조차 허심탄회하게 나눈다. 세상사를 함께 근심하고 소통한다. 또한, 이런 소재를 구체화하여 수필로 풀어내기도 한다.

2025년에 발간한 동인수수밭길 제9호 『어쩌면 당신 이야기』는 스물네 명의 작가가 의기투합했다. 평범하지만 재미있고, 일상적이지만 특별한 삶의 서사를 소재로 삼았다.

소제목에 나타낸 봄, 여름, 가을, 겨울은 실제 우리의 사계절이기도 하면서, 인생의 희로애락을 상징하기도 한다. 봄에 거센 태풍이 불고, 겨울에도 뜨거운 태양이 내리쬐는 것이 인생 아니겠는가.

1장, '봄바람 왈츠 같은'에서는 가볍고 경쾌한 글로 설레는 시작과 만남, 희망이 담긴 풋풋한 이야기를 담았다. 대형 화물차 운행과 자영업을 겸하면서 연극배우로 활동하는 윤종원 작가와 『당신은 오월을 닮았군요』로 제1회 범우윤형두수필문학상 신인상을 수상한 박은실 작가의 작품으로 문을 연다. 2024년 11월에 등단한 박해원 작가는 자신만의 독특한 시선을 신선하게 보여 준다. 오랜 미국 생활에서 길어 올린 지혜를 담은 노순이 작가의 작품에는 봄맛나는 리듬감이 가득하다. 폭넓은 독서를 바탕으로 사유와 성찰을 이끄는 안병용 작가의 시선을 통해 세상을 바라보는 맛도 쏠쏠하다. 김미라 작가의 섬세한 감성을 따라가다 보면 시골집의 정서에 담뿍 빠져든다.

2장, '한여름 소나타 같은'에서는 성장하며 방황하느라 정서적 소용돌이에 휘말렸던 순간들을 만날 수 있다. 김영도 작가가 그려 낸 현재와 과거의 내면과 외면이 아리디아린 공감으로 소용돌이친다. 제18회 한국산문문학상을 수상한 『초록 불빛 등대』의 김숙 작가 작품 세계도 감상할 수 있고, 동인 1호부터 함께 해 온 방순이 작가는 여전히 톡

톡 튀는 문장으로 독자를 즐겁게 한다. 김인자 작가가 어쩌다 「나쁜 여자」라는 제목의 글을 쓰게 되었는지 궁금하다면 주목해 보자. 1장의 노순이 작가와 평생을 함께해 온 짝꿍 이성훈 작가는 또 다른 시각으로 재외 교포의 삶을 보여 준다. 삶을 바라보는 시각이 세심하기 때문일까, 진윤순 작가의 작품 속 세상이 따뜻하다.

  3장, '가을빛 모놀로그 같은'에서 만날 작가들과 깊은 사유와 이별, 그리움의 사색에 잠겨보자. 2장의 방순이 작가와 함께 1호부터 동행해 온 조양여 작가는 특유의 단정하면서도 단호한 목소리만큼이나 매력적인 작품을 선보인다. 2024년 7월에 등단한 김수진 작가는 일상에 널린 작은 소재로 큰 감동을 자아내는 솜씨가 탁월하다. 누구든 품어줄 것 같은 푸근한 감성의 김혜정 작가는 넓은 식견으로 삶을 바라본다. 한 문장도 허투루 쓰지 않는 윤태봉 작가의 작품을 찬찬히 읽다 보면 절로 감탄이 나온다. 편안한 휴식을 취하고 싶다면 김정중 작가의 따뜻한 글을, 근심 걱정이 깊다면 이를 녹여줄 정희영 작가의 글을 음미해 보기를 권한다.

  인생의 마무리와 같은 추억과 재회, 위로와 안식을 주는 조용하고 포근한 서사는 4장, '겨울밤 자장가 같은'에서 만날 수 있다. 걸어 다니는 알쓸신잡(알아두면 쓸모 있는 신기한 잡학사전) 조성진 작가의 추억을 엿보고, 수수밭길의 큰언니 조정임 작가의 작품을 따라 너그럽게 흘러가는 세상사를 관조해보자. 조용한 목소리로 들려주는 늦한 이녁란 작가의 이야기에는 감춰진 강인함이 있다. 수필계에서는 드문 유머 수필가 권담희의 이야기에 숨겨진 의미를 찾아보자. 동인 1호의 회장을 맡아 수수밭길 동인지를 시작한 이상술 작가와 당시 막내였던 필자의 작품으로 마친다.

 2017년, 16명의 동인이 『수수밭 길을 걸으며』라는 제목으로 출발했던 선배들이 든든하게 자리를 지킨다는 사실이 수수밭길의 큰 힘이다. 코로나19로 전 세계가 휘청이던 2021년, 한 해를 쉬어야 할지 고민했으나, 15명의 동인이 힘을 모아 고비를 넘기며 『폴라리스를 찾아서』를 펴낼 수 있었다. 참여자 수가 가장 많았던 29명이 함께한 8호 『수필 오믈렛』을 지나, 9호 『어쩌면 당신 이야기』는 또 하나의 의미를 더하게 되었다. 그것은 편집과 교정 등 모든 제작 과정을 동인 스스로 진행했다는 점이다.
 동인들이 서울, 경상도, 전라도는 물론 미국까지 다양한 지역에 흩어져있어 모든 과정을 온라인 단체 대화방에서 토의했다. 제목, 소제목, 목차 순서와 표지디자인까지 카카오톡 투표하기 기능을 통해 의견을 모았다. 서로의 글을 읽고 합평하며, 친분을 쌓은 덕분에, 동인으로서 연대감은 더욱 깊어졌다.
 출판사에 일임하면 편할 수도 있겠지만, 동인 1호부터 이어 온 열정으로 책 한 권을 완성하는 과정은 마치 수작업 장인의 마음처럼 섬세하고 진중했다. 여행을 떠나기 전, 준비물을 하나하나 챙기고, 일정을 점검하며, 가야 할 장소를 미리 찾아보는 시간이 여행지의 하루하루보다 더 설레고 즐겁다. 책이 나올 순간을 준비하며 기다리는 우리의 마음도 그러했다.

2026년, 우리 동인지는 10호를 맞으며 새로운 도약을 준비 중이다. 무크지 형태로 발간하여 다양한 특집을 추가하고, 독자의 시선을 사로잡는 방안을 모색 중이다.

『어쩌면 당신 이야기』는 어쩌면 독자 모두의 이야기이기도 하다. 많은 이의 사랑을 받으며 널리 읽히기를 바란다. 늘 애정으로 가르침을 주시는 스승님과 안락한 친정 같은 한국산문출판국에 깊이 감사드린다.

차 례

추천사　임헌영　모든 비즈니스는 예술이다 · 4

발간사　이성화　사랑하는 사람들의 서사를 엮다 · 8

1장　봄바람 왈츠 같은

윤종원　묶이고 싶었던 이름 · 20
　　　　장례를 치러 보자 · 24
박은실　귀걸이에 대하여 · 28
　　　　무릎을 위한 변주 · 32
박해원　절대 훔친 돈이 아니에요 · 36
　　　　인생에 가장 난도 높은 문제 · 42
노순이　신이 내려준 선물, 올리브 · 47
　　　　복초이, 화합의 미학 · 51
안병용　뭐 먹고 싶어? · 54
　　　　진보적 당파성 · 59
김미라　봄, 꽃이 피다 · 65
　　　　시골집 · 69

2장   한여름 소나타 같은

김영도   내비게이션을 껐다 · 76
           청카바와 하이바 · 79
김숙   한강이 온다 · 83
           오쾅 난 날 · 89
방순이   내 인생의 로또, 절대 안 맞아! · 93
           사직단과 화장실 두 칸 · 99
김인자   돈 좀 버셨나요? · 105
           나쁜 여자 · 113
이성훈   오리올스의 사회 · 116
           유전무죄 스테이트 · 120
진윤순   말랑말랑한 잣대 · 124
           나도 어느새 원미동 주민 · 130

3장 가을빛 모놀로그 같은

조양여 깨전쟁 · 138

설마가 사람 잡는다 · 143

김수진 된장 항아리만 보면 생각나는 · 149

황태 육수 끓는 밤 · 156

김혜정 홍 도깨비 · 162

삼색 북해도 · 168

윤태봉 퐁키와 까미 · 173

나도 먹을 수는 있어! · 179

김정중 140원의 행복 · 184

외갓집 편지 · 189

정희영 경아 · 196

우정, 유연한 곡선을 끌어내다 · 201

4장 겨울밤 자장가 같은

조성진 커피 단상 · 208
부산행 비둘기호 · 216
조정임 중간지대 사람들 · 228
어미 닭의 슬픔 · 232
이덕란 화실 안에서 바라본 바깥 풍경 · 235
엄마의 난전 · 241
권담희 쌓아둔 책 팔아요 · 245
감정 쪼개기 · 250
이상술 평양다방 · 255
3차 세계대전이 다가오고 있다 · 261
이성화 땡감과 사주팔자 · 267
쥐약 번데기 · 272

1장

봄바람 왈츠 같은

윤종원

박은실

박해원

노순이

안병용

김미라

묶이고 싶었던 이름

윤종원
feb3020@hanmail.net

그의 청첩장을 받았다. 그가 바란 대로 친구라는 선이 그어졌다. 십 년 가까이 주고받은 수백 통의 편지는 사랑으로 발전하지 못했다. 그는 나의 첫사랑이었고 목표였고 전부였다. 그러나 서로 다른 장르를 쓰고 있다는 걸 깨달았다. 그는 우정 소설을, 나는 로맨스 소설을 쓰고 있었다. 장르를 극복할 용기가 없었던 겁쟁이는 끝내 고백하지 못했다. 처음 쌓아 올린 사랑은 맥없이 무너졌다.

긴 세월 동안 그의 편지를 읽으면서 자주 생각했다. '이 아이는 글을 잘 쓰는구나!' 필체도 둥그런 심성을 닮아 동글동글 귀여웠다. 그에게 얼마나 빠져들었는지 백색 무취의 편지지에서 은은한 향기를 느끼는 착각에 빠졌다. 편지를 받은 날에는 하늘이 더 높아진 것 같았다. 바람은 뼛속까지 시원하게 만들었다.

마흔 무렵에 재회한 그는 글을 쓰고 있다고 했다. 읽는 사람에서 쓰는 사람으로, 문학 소비자에서 창작자로 변신 중이라고 담담한 어조로 말했다. 문학 수업을 수강하는 모양이었다. 수업 과정은 바듯하고 창작은 고통이라고 했다. 입은 힘들다 말하고 있지만, 눈빛은 빛났고 표정은 밝았다. 그가 얼마나 글쓰기에 진심이고 몰입하고 있는지 알 수 있었다. 의지와 열정에 데일 것 같았다. 타고나는 것일까. 나도 그를 따라 글을 써보고 싶다는 생각을 처음으로 했다.

이 년 후 다시 만난 그의 손에는 수필집 한 권이 들려 있었다. 책 한 권 분량의 글을 쓰고 출간까지 했다는 게 놀라웠다. 출간 과정에 몇 편을 버렸느냐고 물었다. 그는 책에 실린 글 세배쯤은 될 거라며 고개를 숙였다. 노력의 크기가 짐작되었다. 살려내지 못한 글을 퇴고로 꼭 살려내겠다며 그가 고개를 들었다. 살리고 죽인다는 말이 이런 상황에도 쓰이는구나. 헤어지는데 그가 한마디 했다.

"나한테 편지 쓰듯 너도 글을 써 봐. 편지 참 좋았어."

그의 책을 펼쳤다. 과거 이야기가 많았고 가족과 나누는 현재의 소소한 행복이 있었으며, 미래에는 수필 평론가가 되겠다는 목표가 있었다. 궁금했지만 차마 물어볼 수 없었던 질문에 그의 책이 답했다. 이를테면, 지금의 남편과 언제 어디서 만나 어떤 사랑을 했고 결혼에 이르렀는지 알 수 있었다.

어느 부분에도 내 이야기는 없었다. 우리가 함께 보낸 시간이 얼마인데 이 많은 이야기 중에서 한 줄도 없다니. 나 혼자 로맨스 소설을 쓴 게 분명했다.

"제 첫사랑이 책을 냈습니다. 꼭 한번 읽어 주세요"

지인들에게 그의 책을 선물했다. 한 명이라도 더 봤으면 하는 마음이었다.

책 읽다가 잠들었던 주말 오후, 둘째 아이가 배 위로 쓱 올라왔다. 어린 자식의 무게와 땀 냄새. 아들의 삶에 내가 존재하고, 나의 삶 깊숙이 아들이 있다는 사실을 오감으로 느꼈다. 어떤 상황에서도 떨어지거나 기억에서 지워지지 않을 거라는 확신이 있었다.

그런 느낌을 책에서도 받았다. 그의 수필집 맨 마지막에는 평론이 실려 있었다. 책은 작가와 평론가의 이름을 품고 있었다. 그것은 변하지 않을 사실이었다. 작가와 평론가, 바로 이거야. 나도 글을 써야겠다고 다짐한 순간이었다. 내 계획이 너무 발칙하고 어이가 없었다.

그때부터 글을 쓰기 시작했다. 쓰겠다고 마음먹는 것과 지속적으로 글을 쓰는 일은 큰 차이가 있었다. 삶이 바쁜 중년 남자가, 여자가 대부분인 교실에서 공부하는 일은 쉽지 않았다. 나아가려는 더 큰 의지가 없으면 포기는 쉽다.

어렵게 세 편의 글을 완성하고 그에게 보냈다. 그에게서 만나자는 연락이 왔다. 원고를 내밀며 차분하게 그리고 오래오래 가르쳐 주었다. 그에게서 풍겨오는 향을 따라 작가의 조언이 내게로 스며들었다. 밥과 차를 사주며 격려와 응원을 보탰다. 다섯 편을 쓰면 또 보내달라면서 따뜻한 말을 건넸다. 자신을 글쓰기 선생으로 꼭 만들어 달라며 우회적으로 말했다. 그의 보살핌 덕분에 포기하지 않고 작가가 되었다. 그렇게 끊어지지 않는 스승과 제자의 관계가 되었다.

지금은 더딘 작가로 살아가고 있다. 느리지만 꾸준히 썼고 원고가 제법 쌓였다. 글쓰기에서 출간으로 목표도 갱신했다. 좋은 글을 모아서 책을 내고 싶은 마음이 간절하다.

내가 작가로 발돋움하는 사이 그는 평론가가 되었다. 출간하게 되면 그를 찾아가 서평을 부탁하려고 한다. 작가가 훌륭한 평론가를 찾는 것은 당연한 일이지만, 비단 그것만이 이유는 아니다. 나란히 서지 못했던 두 개의 이름. 문학이라는 공통 분모 위에서 작가와 평론가로 당당하게 묶고 싶다.

누군가 왜 글을 쓰냐고 물어보면 지금까지는 그냥 쓴다고 말했다. 듣는 사람에 따라 느낌이 다르겠지만, 그럴듯한 대답은 아니었다. 한 여자를 잊지 못해서 문학을 시작했노라 말하면 어떨까. 시작이 그랬다는 건 변명하지 못하겠다. 그러나 지금은 아니다. 지금은 그냥 쓴다. 마치 업보처럼, 자석처럼 이끌려서 쓴다. 결국, 그냥이다.

장례를 치러 보자

윤종원

쉰여섯 번째 생일날, 그가 죽었다. 생일 축하는 그의 죽음에 묻혔다. 세상은 봄과 더불어 여기저기서 싹을 틔우고 꽃을 피우는데, 그는 많은 동료를 두고 홀로 죽음의 세계로 들어갔다.

몇 해 전, 음식을 씹다가 왼쪽 어금니 쪽에서 뇌를 관통하는 통증을 느꼈다. 얼마나 지독했던지 그때부터 저절로 오른쪽으로만 씹었다. 스케일링할 때마다 치료하라고 했지만, 바쁘다는 핑계로 미루었다. 치료할 때 생길 통증이 무섭기도 했고 치료비에 대한 부담도 있었다. 그러나 밑천이라고는 달랑 몸뚱이 하나인데 이게 고장 나면 어쩔 것인가. 가게를 찾는 사람들에게 상품을 설명하며 알랑방귀를 뀌어야 하는데 행여 입냄새가 나면 손님이 도망가지 않을까. 큰마음 먹고 치료를 결심했다.

제법 큰 돈을 들여서 치료가 끝난 날 의사가 툭 한마디를 던졌다. 치료가 너무 늦어서 뿌리 쪽이 썩으면 발치해야 한다고. 아니 이게 무슨 귀신 씻나락 까먹는 말인가. 그러면 수십만 원 들여 치료하지 말고 바로 뽑아야 하는 게 아니냐고 따졌다. 의사는 말했다. 발치는 정말 손 쓸 수 없을 때, 가장 마지막에 하는 거라고. 자신의 양심을 믿어 달라고.

 양치를 여러 번 해도 입안이 꿉꿉했다. 혹시나 하는 마음에 치과 세 곳을 더 찾아갔지만, 결론은 하나였다. 발치 외에는 치료 방법이 없다는 것. 실낱같은 희망이 사라졌다. 절망의 콘크리트가 우르르 쏟아져 벽이 되었다. 벽 앞에 선 내게 간호사가 다가와 주의점을 설명했다. 결국, 발치를 결정하고 예약 날짜를 잡았다.

 이를 뽑는 날 아침에 알았다. 오늘이 나의 쉰여섯 번째 생일이라는 사실을. 중년의 생일은 죽음의 계단을 한 칸 더 오르는 날이다. 수십 년을 함께 한 어금니가 죽는 날이 내 생일이라니. 탄생과 죽음이, 축하와 이별을 함께 하는 묘한 앙상블이었다.

 뽑은 이는 의료용 폐기물로 구분되어 버려진다는 말을 들었다. 찝찝했다. 어린 시절에 이가 빠지면 불타는 아궁이 안으로 던지며 까치에게 새 이를 달라고 빌었다. 작은 의식을 치르고 불에 태우는 것과 병원의 각종 쓰레기와 뒤섞여 버려지는 것은 차이가 너무 컸다. 나를 위해 오랫동안 수고하다 병들어 죽었는데, 함부로 버리는 게 싫었다. 서약서에 서명하고 이를 가져왔다. 잇몸에서 피가 나고 마취가 풀리면서 전해오는 통증보다 검은빛을 띠는 뽑힌 치아를 보는 마음이 더 착잡했다.

 엄숙하게 어금니 장례를 치러 보자. 치약을 듬뿍 묻힌 새 칫솔로

꼼꼼하게 닦았다. 죽어서야 앞니보다 먼저 받는 칫솔질이 무슨 의미가 있을까. 음식물이 입에 들어오면 노동의 시작은 언제나 어금니였다. 잘게 부수고 질긴 것을 끊어 잘근잘근 씹는 역할이다. 일은 먼저 시작했지만, 칫솔질은 맨 나중에 받았고 깊숙한 곳에 있으니 다른 치아보다 칫솔질을 꼼꼼하게 받지 못했을 것이다. 어금니가 먼저 죽은 이유다.

뚜껑이 있는 작은 유리병에 물을 붓고 락스를 듬뿍 넣고 치아를 담갔다. 책상 구석에 받침대를 놓고 올려놓았다. 부모님 산소 언저리에 묻거나, 나 죽으면 화장 후 묻을 나무 아래에 먼저 묻을 생각이었다. 저승에서 어금니 없이 살기 싫으니까. 락스물에 담근 치아를 꺼냈다. 손수건에 얹어 햇빛에 말렸다. 평생을 음지에서 살아서 밝음이 어색한 건 아닐까.

장례를 치른 어금니를 가만히 쳐다보았다. 입안의 어둡고 습한 자리에서 긴 시간 얼마나 고생이 많았을까. 측은한 생각이 든다. 젊은 시절 운전하면서 내뱉은 욕을 가까이서 보고 들었겠지. 사랑을 잃고 독한 소주에 밤새도록 잠긴 날도 여러 날 있었구나. 수업료를 독촉하는 선생님을 오기로 빤히 쳐다보다가 귀싸대기를 사납게 맞았을 때는 아픔과 분노가 뿌리까지 전해졌겠지. 머리 쪽 가까이 자리 잡고 있으니 내 슬픔과 가슴 아픈 사연을 풍문으로라도 들었겠구나. 그런 너를 어찌 보낼 수 있을까.

어금니가 든든한 뒷받침이 되어준 시절이 두 번이나 있었다. 삼십대에 IMF를 겪었다. 거래처가 부도가 나면서 통장에 커다란 구멍이 생겼다. 구멍은 닥치는 대로 집어삼켰다. 그뿐인가, 하루라도 늦으면 무수하게 걸려 오는 전화. 구멍이 흡입하는 힘을 버티고 벗어나려 갖은 애를 썼다. 들려오는 욕설과 손가락질을 어금니 꽉 깨물고 버텼다. 큰 버팀목이 되어주었다. 그런 너를 이렇게 허망하게 보내는구나.

또 한 번은 코로나19로 세상의 왕래가 끊긴 시절이다. 매장 매출은 절반보다 더 떨어졌다. 덤으로 새로운 일거리를 찾아야 했다. 멀리 내다보고 선택한 일이 화물차 기사였다. 1종 대형 면허를 땄다고 경력이 없는데 바로 일자리가 있었을까. 낮에는 매장을 지키고, 심야에는 식자재 배달로 트럭 운전을 하며 감을 키웠다. 자정에 일을 시작해서 아침 9시쯤이면 머리가 멍하고 졸렸다. 어느 날은 신호등 색깔을 잘못 보아 사거리 한가운데 고립되는 아찔한 순간도 있었다. 너무 힘주어 어금니를 깨물어서 그랬는지 어금니에 금이 가고 가장자리가 깨졌다. 이때부터 치아 상태가 급속도로 나빠졌을 것이다.

이제 어금니 꽉 깨물고 죽기 살기로 글을 써야 하는데 이렇게 가버리면 어떡하나. 아쉬움과 원망이 교차한다. 어금니를 손바닥에 놓고 움켜쥐어본다. 이가 없으면 잇몸이라고 했다. 남아 있는 반대쪽 어금니 한 쌍은 글 쓸 때만 꽉 깨물 것이다. 앞으로 생일을 맞을 때마다 먼저 간 어금니를 떠올리며 다짐해 볼 참이다. 다시 만날 때까지 꿈을 놓지 않겠노라. 부끄럽게 살지 않겠노라.

귀걸이에 대하여

박은실
cjh951031@daum.net

 떨어질 듯 달랑달랑 매달린 귀걸이는 퍽 관능적으로 보인다. 여자를 아름답게 보이게 하는데 약 30% 이상 이바지한다는 통계가 있다. 어떤 이는 자신을 돋보이게 하는 수단으로 귀걸이가 70% 이상이라며 내 말에 강한 긍정을 보태 주었다.
 말이 나왔으니 한마디 곁들이자면, 귀걸이가 단순한 관능미를 능가하는 예술 작품이 있다. 우리 눈에도 익숙한 17세기 네덜란드 화가 요하네스 페르메이르의 「진주 귀걸이를 한 소녀」라는 그림이다. 마린 블루 색 터번을 두른 앳된 여성의 귀에는 천상의 광채를 발하는 진주 귀걸이가 매달려 있다. 그림 속 귀걸이는 부와 순결, 혹은 인간 영혼에 대한 은유를 상징한다고 한다. 이 그림에 만약 진주 귀걸이가 없었더라면 세기를 넘겨 가면서 예술적 상상과 호기심을 갖게 할 수 있었을까.
 귀걸이는 인간이 착용하는 장신구 중 역사가 가장 오래되었다고 한다. 원시시대에는 질병을 치료하거나 주술적 의미로도 사용되었다. 메소포타미아나 이집트, 인도 등 여러 문명에서도 착용한 흔적을 볼 수 있다. 고대 이집트에서는 죽음과 부활의 상징으로, 그리스 신화에서는 여신들의 아름다움과 여성성을 나타내는 장신구로 사용되었다. 로마에서는 악마를 쫓는 의미로 사용하기도 했고, 중국에서는 부와 행운을 상징했다. 우리나라에서는 고려 시대에 남녀 모두가 사용했다고 한다. 대가야문물에서도 발견되었다니 어쩌면 귀걸이 역사는 훨씬 더 오래 전이었을지도 모르겠다.

　조선시대에 들어오면서 유교의 영향과 오랑캐 풍습이라는 이유로 귀걸이 사용을 비난하여 평소에는 착용을 금지했고, 결혼식이나 행사 때에는 허락되었다. 그러다 차차 여성들의 전유물로 변화됐다. 그랬던 귀걸이가 요즈음은 남녀 모두가 가리지 않는 보편적 장신구가 되었다.

　장신구 중 주로 결혼 예물로 쓰이는 반지는 끊어지지 않은 원형으로 테두리를 짓는다. 이는 언약을 다짐하고 두 사람이 마음의 자리를 벗어나지 않겠다는 의지를 품고 있다. 그러나 귀걸이는 반지에 비해 서로 간 결속력이 덜한 느낌이 든다.

　여성들 대부분이 그러하듯 나도 귀걸이를 좋아한다. 특히, 영롱한 이슬방울 같기도 하고 눈물방울 같기도 한 진주 귀걸이를 선호한다. 그러나 가끔 귓불에 진물이 생기기도 해 특별한 날이 아니면 즐겨 착용하지 못하는 형편이다.

　내가 소유한 귀걸이 대부분은 남편이 선물한 것이다. 귀걸이 선물의 의미가 '평생 당신만을 바라보겠습니다.'라고 하더라. 이 사실을 알고

봄바람 왈츠 같은　29

얼마나 놀랐는지 모른다. 선물한 이가 이 뜻을 알 리 만무하다. 만약 알고 했다면 성춘향과 이몽룡처럼 좋아 설쳐 대는 이팔청춘도 아닌데 귀걸이 말고 현금으로 바꿔 달라고 떼를 썼을지도 모르겠다.

순전히 나의 오해일지 모르나, 귀걸이가 부와 행운을 상징한다니 어쩌면 그에게는 내가 돈을 많이 벌어오기를 바라는 의미가 조금 들어 있었을지도 모르겠다. 그것이 아니라면, 이래저래 고달픈 세상에서 마음 편히 살면서 바가지나 긁지 말라는 희망의 메시지를 담은 게 그의 진심일 수도 있겠다.

나의 귀걸이 착용 의미가 요하네스 페르메이르의 그림처럼 부나 순결 또는 영혼 같은 고차원적 의미를 갖는 것은 아니다. 누군가 말하기를 귀걸이가 두통 해소에 도움이 된다고 했다. 출근해서 일을 하다 보면 산다는 것이 두통의 연속이라고 느낄 만큼 어떤 날은 골치가 지끈거려 가시지 않는 경우가 있다. 그런 날에는 슬그머니 귓불을 만져보게 된다. 아침에 귀걸이를 하고 나왔더라면 하는 후회가 생길 때도 있다.

그 말에 의학적 근거를 댈 수는 없지만, 나이 먹은 여성들의 의견을 존중해 그러려니 하며 믿기로 했다. 그리고 더 늙기 전에 사치 한번 부려 보자는 오기 비슷한 의미가 있기도 하다. 이 나이에 새삼 귀걸이로 관능미를 되찾아 보겠다는 것은 물론 아니다. 두통 해소를 위해 전적으로 사용할 생각도 그리 많지는 않다. 다만 칙칙해지고 늘어지는 피부에 화장술로도 변장이 되지 않을 때, 뭐라도 해서 조금 나아 보이면 좋겠다는 실낱같은 희망의 발로로 사용할 뿐이다. 비참하지만, 진물이

나더라도 가끔은 반짝이는 귀걸이 광채에 기대어 미소 한 번 지어 보고 싶은 중년 여자의 쓸데없는 욕심일 뿐이다.

무릎을 위한 변주

박은실

늘 못마땅했다. 내 몸은 날씬한 상체에 비해 하체가 무척 통통하고 튼실하다. 통나무 같은 다리를 쭉 뻗고 끌탕할라치면 친정엄마는 그게 좋은 것이라며 위로 하곤 했다. 무릎 위까지 올라오는 짧은 치마를 대놓고 입지 못하는 일이 처녀 적 나로서는 여간 불만이 아니었다.

영화 속 외계인 ET가 먼 인류의 모습일지 모른다는 말을 들었다. 항상 두뇌만 사용해서 머리는 커지고, 앉아 있기만 한 하체는 가늘어져 인간의 모습이 흉측하게 변할 것이라는 이야기였다. 그때는 우람한 다리가 아름다움의 표상이 될 거라는 말에 일리가 있다고 생각했지만, 내 불만이 단번에 사라지지는 않았다.

드라마나 영화에서 보았던 여인의 쭉 뻗은 늘씬한 다리와 다소 은밀해 보이는 무릎선이 그렇게 예뻐 보일 수 없었다. 하얀 버선목 위로 매끈하게 올라간 여인의 뽀얀 다리. 속치마를 살며시 걷어 올리면 종지를 엎어 놓은 듯한 무릎 곡선이 박속같이 하얬다. 그 선정적인 무릎 골에 남정네들 가슴 좀 뛰었을 터이다. 누군가의 무릎을 정복한다는 것은 상대의 마음마저 빼앗는 것일지 모르겠다. 주인의 무릎에 냉큼 올라가 앉은 고양이만 봐도 그렇다. 동그란 눈알을 굴리며 앙큼한 목소리로 "야옹"하는 자태라니. 할아버지 무릎에 앉아 막대 사탕을 물고 어리광을 부리는 손자는 그야말로 천상천하 유아독존 그 자체다. 조선의 기생들도 돈푼깨나 있는 한량 무릎을 장악하려 콧소리를 내며 공을 들였을 터이다.

구한말까지만 해도 여인네 치마 길이는 정강이를 덮을 정도였다. 그랬던 것이 어느 날 치마 끝이 무릎 위로 깡충 올라갔다. 이름하여 미니스커트. 무릎 위로 한 뼘 정도 올라가 허벅지가 보이는 치마다. 그것은 센세이션을 넘어 일종의 도발이었다. 우리나라에서는 1967년에 가수 윤복희가 최초로 입었는데, 덕분에 속바지와 속치마에 가려 햇빛 구경 한번 못한 무릎이 은밀한 선정성을 깨고 마침내 무시로 찬란한 해를 마주하게 되었다. 지금이야 배꼽까지 내놓고 사는 세상이지만, 당시에는 획기적인 사건이었고 미풍양속을 해친다는 이유로 장발과 더불어 단속의 대상이 되기도 했다.

무릎을 꿇는다는 것은 어떤 의미가 있을까. 드라마에서 보면 여성에게 프러포즈하는 남성은 한쪽 무릎을 자연스레 꿇고 여성을 향해 마음을 전한다. 산에서 내려오는 길, 오금에 힘이 빠져 하마터면 나뒹굴 뻔했던 순간이 누구에게라도 한 번쯤은 있었을 것이다. 어디 그뿐이랴. 조선의 왕 인조는 삼전도에서 청나라에 무릎을 꿇고 굴욕적인 삼배구고두례三拜九叩頭禮로 나라를 들어 바치기도 했다.

그런가 하면 조선의 형벌 중에는 압슬형이라는 벌이 있었다. 죄인을 무릎 꿇게 하고 그 위에 무거운 물건을 올린 후 사람이 올라타서 압박을 가함으로 무릎관절과 다리뼈가 으스러지게 하는 형벌이었다. 자백을 받기도 전에 죄인이 쇼크로 사망하기도 했고, 살아남는다 해도 서지도 걷지도 못하게 되었다. 이를 참관한 영조 임금이 너무 가혹한 형벌이라며, 만약 불구가 되면 조상에 제사를 지낼 수 없다는 이유로 주리형周牢刑과 함께 폐지했다고 전한다.

인간이 두 발로 서고 걷는데 무릎은 중요한 역할을 한다. 복잡한 관절이면서 상체 하중을 지탱한다. 슬개골은 무릎의 앞쪽에 위치해 관절을 보호하며 아기일 때는 부드러운 연골이었다가 4세 전후로 딱딱해져 골화된다. 별거 아니라고 생각할 수도 있겠지만, 다른 동물과 달리 다리를 곧게 펼 수 있는 것이 인간의 특징 중 하나라고 한다. 물론 상황에 따라 각도를 조절하여 구부릴 수도 있다.

얼마 전 인터넷 기사를 보았다. 다리를 구부리고 걷는 기존의 로봇과 달리, 중국 올카-1 휴머노이드 로봇은 무릎을 곧게 펴고 걸을 수 있다는 기사였다. 이런 구조는 경사로나 계단 같은 환경에 좀 더 인간적으로 적응할 수 있다고 한다. 문득 계단을 오르내리기 힘겨워하는 엄마가 생각났다. 구부정한 것 같은 엄마 무릎도 얼핏 뇌리를 스쳤다. 구순을 앞둔 엄마는 조금이라도 먼 걸음 할 때면 보행 보조기의 도움을 받는다.

오랜만에 거실 바닥에 앉아 엄마와 나란히 다리를 뻗어본다. 어릴 적 베고 누워 옛날이야기를 듣던 다리를 자세히 굽어보니 온갖 풍상의 세월을 겪느라 살이 내렸다.

굵고 튼실한 내 것의 반 정도로 가늘다. 진화 전 로봇의 다리처럼 구부정하다. 근육이 빠지고 인대가 닳은 슬개골은 종지가 아니라 작은 밥공기를 엎어놓은 듯 볼록한 뼈 모양이 또렷하다. 엄마 슬하에서 어리광 부리던 내 어린 시절이 늙은 무릎 위로 그림자처럼 여릿하게 오버랩된다. 다른 건 몰라도 자식을 위해 한 번은 꺾였을지 모를 엄마의 무릎에 잠시 손을 얹고 경건한 마음으로 온기를 더해본다.

절대 훔친 돈이 아니에요

박해원
hw579@naver.com

만화, 어린 시절 내게 가장 우선순위였을 때가 있었다. 그 추억은 어른이 된 지금도 생동감 있게 살아있다. 주인공 캐릭터들과 혼연일체가 되어 송두리째 빠져들 수밖에 없었던 통쾌한 장면들. 감정을 다스리지 못한 캐릭터들을 보며 소리를 지르기도 했고 열 살 아이의 심장도 함께 끓어올랐다. 불굴의 의지로 승리한 주인공을 보며 감동의 눈물을 흘린 적도 있었고, 너무 웃겨서 웃다가 옆 사람을 의식하며 참았던 기억들, 억울한 도망자의 긴박함에 페이스 메이커가 되어 함께 뛰기도 했다. 풀리지 않은 난감한 문제 앞에 서면 열 살 아이는 상상력을 한껏 동원하여 문제 해결사가 되기도 하였다. 카우보이모자를 쓴 서부만화. 권총을 차고 화려한 장식의 혁대를 찬 폭력 만화, 공포 만화, 순정 만화, 재치와 웃음을 자아내는 꺼벙이 캐릭터 만화…. 엄마의 성화에도 아랑곳하지 않고 절대 포기할 수 없는 만화 사랑에 시간 가는 줄 몰랐다.

초등학교 4학년 여름, 일요일 아침이었다. 밤새 쏟아진 폭우로 마을은 온통 물바다가 되었다. 날이 밝자 거친 빗줄기는 잦아들었지만, 완전히 그치지는 않았다. 그 아침, 빗속을 뚫고 사촌 올케가 우리집에 왔다. 일곱 살배기 인수가 어젯밤에 집을 나가 돌아오지 않았단다. 그 이른 시각에 아들을 찾아 나서야 한다며 만홧가게를 봐달라고 부탁했다. 엄마는 나에게 만홧가게를 봐주라고 했다.

나는 솔직히 아이를 찾아다니는 부모의 안타까운 심정까지는 절절하게 와닿지 않았다. 일곱 살 조카와는 데면데면 지냈고, 당시 시골 아이들은 엄마의 손길에서 방목되다시피 성장하는 환경이었다. 자유롭게 놀다가 늦은 시간이면 그 놀던 집에서 자고 왔던 시절이기도 했다.

만홧가게를 봐주면 온종일 보고 싶은 만화를 실컷 볼 수 있다는 기대감에 아침도 먹지 않은 채 달려갔다. 만홧가게는 살림집이 딸린 점포였다. 올케언니는 몇 가지를 당부하고 곧장 서둘러 나갔다. 손님이 오면 돈을 받아서 돈통에 집어넣고, 거스름돈은 돈통에서 꺼내 주랬다. 손님들이 만화를 본 후에는 책꽂이에 종류대로 가지런히 정리해 두라는 부탁이었다.

나는 올케가 나간 시각부터 며칠 굶주린 사자처럼 만화책을 읽기 시작했다. 시간이 얼마나 지났을까, 배가 고팠다. 밖에는 여전히 소슬비가 내리고 있었다. 아이들이 흩트려 놓은 만화책을 정리해야 한다는 생각조차 까마득히 잊고 만화책 읽기에 심취했다.

"막내야. 가게는 잘 보고 있냐?" 엄마였다. 점심때가 한참 지났는데 밥은 먹었느냐고 물었다. 엄마를 보는 순간 갑자기 배가 고파왔다. 새

봄바람 왈츠 같은

벽같이 빈속으로 나가서 저녁때가 다 되어 가는데 아무것도 안 먹었느냐고 엄마는 재차 물었다. 내가 뭔가 불쌍하고 안쓰러운 상태라도 되어 줘야만 할 것 같은 표정이었다. 그러면서 돈통에서 돈을 꺼내다가 빵이라도 하나 사 먹으라고 했다.

"엄마, 이건 우리 돈이 아니잖아."

엄마는 올케언니한테 말해 줄 테니 빵을 사 먹어도 된다고 거듭 강조했다. 나는 그래도 되느냐고 한 번 더 확인하며 물었다. 엄마는 내가 종일 가게를 봐줬으니 그 값으로 빵을 사 먹어도 된다고 설명했다. 새벽부터 가게 봐주고 저녁때까지 아무것도 안 먹었을 텐데 빵 하나쯤 사 먹어도 된다고 안심 시켜주는 것 같기도 했다.

나는 돈통에서 20원을 꺼냈다. 분명 엄마가 허락했는데 마음속이 요동쳤다. 이 돈은 엄마 돈도 아니고 내 돈도 아니라는 생각 때문이었을까. 불안했다. 살짝 떨리기도 했다. 엄마가 돈통에서 꺼내 주고 갔더라면 한결 마음이 편했을 거라는 생각도 들었다. 그때부터 머릿속에는 20원과 보름달 빵이 어른거려서 만화가 눈에 들어오지 않았다. 배도 고프고 힘이 없었다. 아이들이 보고 간 만화책을 종류별로 책꽂이에 꽂고 의자와 테이블 정리를 해놔야 했는데 뒷전이었다. 올케언니가 언제 올지 몰라서도 가슴이 쿵쿵거렸다.

하얀 설탕 크림이 속을 가득 채운 달콤하고 보드라운 보름달 빵을 먹는다는 것은 당시 아이들의 로망이었다. '난 분명 엄마에게 허락받았어.' 용기 내어 20원을 들고 보름달 빵을 파는 가게로 갈 참이었다. 입안에 사르르 녹는 보름달 빵을 생각하니 벌써 입안 가득 침이 고였다.

아뿔싸! 운명의 장난이라 했던가, 그 순간 올케언니가 충혈된 눈으로 혼자서 들어왔다. 보름달 빵이 머릿속에서 잠시 후 순위로 밀려났다. 열 살 아이의 마음속에도 순간 뭔지 모를 알 수 없는 불길함이 느껴졌다.

이미 손안에 움켜쥔 20원이 나를 벼랑 끝으로 내몰았다. 심장이 부들부들 떨렸다. 조금 전까지만 해도 보름달 빵을 먹겠다고 한껏 부풀었던 마음은 어디로 가 버렸을까. 난감했다. 어떻게 수습해야 할지 막막했다. 종일 아무것도 먹지 않은 빈속이 갑자기 더부룩해졌다. 생각으로 가득 찼던 머릿속은 한 겹 더 두텁게 무거워졌다. 올케언니가 돈통을 확인해 보았다. 어찌해야 할까. 다시 돈통에 집어넣을 타이밍도 놓쳐버렸다. 진퇴양난에 처했다. 20원을 쥐고 있는 내 손은 이미 땀이 흥건했다.

고민 끝에 화장실로 가서 숨길 곳을 찾아보았다. 마땅한 곳이 없었다. 속옷 고무줄 부분을 겹으로 접어서 숨겨 보았다. 그런데 동전이라 딸랑거리는 소리가 났다. 이 방법도 아닌 듯하여 다른 방도를 찾았다. 아주 기발한 아이디어가 떠올랐다.

'그렇지, 신발 속에 숨기는 거야.' 양쪽 신발 속에 각각 10원씩 숨기고 화장실을 나왔다. 올케언니에게 이제 집에 가야겠다고 말할 참이었다. 올케가 나를 불렀다. 나는 화들짝 놀랐다. "막내 아가씨, 이쪽 만화책 정리하고 저쪽 방에 있는 만화책 좀 꺼내 오렴." 헉! 저쪽 방이라니, 그러면 신발을 벗어야 하는데. 이런 난감한 상황이 될 줄은 꿈에도 상상하지 못했다. 신발을 신고 들어갈 수도 없어 머릿속은 온통 새하얘졌다. 신발 속에 숨어 있던 동전도 잔뜩 겁을 먹고 있는 듯했다. 나는 올케언니의 명령에 "네!"라고 대답했지만, 다시 화장실에 가야 하나 이 난감한 상황을 어떻게 잘 대처해야 하나 고민이 깊어졌다. 묘책이 떠오르지 않아 갈피를 못 잡고 서성거렸다. 올케언니가 짜증 섞인 어투로 쏘아붙였다. "안 들리니? 뭐해, 저쪽 방에 있는 만화책 좀 꺼내 오라는데."

 나는 어떤 생각도 떠오르지 않았다. 도살장에 끌려가는 소의 심정이 이런 것일까. 만화책을 꺼내 오라는 커다란 숙제를 안고 방 쪽으로 갔다. 신발을 벗을 수가 없었다. 신을 신은 채로 엉금엉금 기어서 들어갔다. 뒤에서 지켜보던 올케언니가 소리쳤다. "너 지금 뭐 하는 거니? 신발을 벗고 들어가야지." 언니는 무릎을 꿇고 뒤로 젖힌 내 발을 인정사정없이 잡아당겨 신발을 벗겨 버렸다. 신발은 대책 없이 내동댕이쳐졌다. 신발 한 짝이 벗겨지는 순간, 야속하게도 10원짜리 동전은 바닥에서 나선형을 그리며 몇 바퀴를 돌고 또르르 구르더니 납작 엎드리며 멈췄다. 다른 쪽 신발도 거의 동시에 벗겨졌다. 땡그랑! 역시 10원의 존재감이 선명하게 드러났다. 왜 그토록 오래 나뒹구는지 약속하기만 했다. 나의 얼굴은 붉다 못해 새파래질 지경이었다. 심장이 멎은 것처럼 부들부들 떨렸다. '절대 훔친 돈이 아니에요.' 마음속으로만 외쳤을 뿐 온몸이 얼음처럼 굳어 버렸다.

 인수는 이틀 후에 강 하류에서 차가운 시신으로 발견되었다. 열 살 아이는 죽음이 무엇인지 어렴풋이 짐작했지만, 이토록 아프고 슬픈 것이라는 걸 그때 처음 알았다. 어른이 되어서도 누군가가 죽었다는 소식은 늘 두렵고 아팠다.

인수가 그렇게 우리 곁을 떠나고 오빠 내외는 몇 날 며칠을 통곡하며 인수를 그리워했다. 그 모습이 지금도 생생하다. 그 일이 있고 난 뒤, 오빠 내외는 멀리 도시로 이사했다. 한동안 올케언니와 오빠를 볼 수 없었다. 시간이 흘러 친척들 모임이 있는 날이면 나는 올케언니 눈에 띄지 않게 숨어 있었다.

오랜 세월이 지나 어른이 된 후, 친척들이 모인 자리에서 나는 그 20원 사건이 어린 시절의 올무였다고 말했다. 그때의 상황과 난감했던 열 살 아이의 심정을 웃으며 이야기할 수 있었다. 그러나 올케언니는 아이를 잃은 슬픔 외에는 아무것도 기억하지 못했다. 괜히 이야기했나 보다. 겨우 잊고 살아가는 올케의 가슴속에 아프게 묻어두었던 인수를 다시 떠올리게 했다는 사실이 더 미안하고 후회스러웠다.

인생에 가장 난도 높은 문제

박해원

10월 4일, 풍년이 든 벌판에 한여름처럼 따가운 볕이 쏟아졌다. 그날은 아들의 입영 날이었다. 엄마인 내 눈에는 한없이 어리기만 한 자식이 나라를 지킬 만큼 장성한 대장부가 되었다. 논산 훈련소로 떠나는 아들은 초등학교 입학식도 아닌데 굳이 따라오지 말라며, "엄마 아버지, 나라 잘 지키고 오겠습니다." 하고 씩씩한 척 큰절하고 길을 나섰다.

아들은 버스에 오르면서 나를 향해 손을 흔들었다. 그리고 곧바로 고개를 떨구었다. 울었을까? 조금 전에 씩씩한 모습과는 사뭇 달라 보였다. 나도 살짝 콧등이 시큰해졌다. 하나뿐인 금쪽같은 아들이 입대하는데 바래다줄걸 그랬나. 아들 혼자 보내는 것이 옳은 일인지 싶어서 곧바로 후회했다.

주변에서는 더 호들갑을 떨었다. 60~70년대도 아니고 요즈음 시대에 입대하는 아들 혼자 훈련소 보내는 엄마는 처음 본다며 혀를 찼다.

겨우 스무 살밖에 안 된 어린애인데 혼자 보내는 것이 바람직하냐고. 꼭 그럴만한 이유가 있었냐고 궁금해했다. 사실 꼭 그럴만한 이유가 있었다기보다는 평소 주변 지인들의 영향이 컸다. 사랑이라는 이름으로 과잉보호하는 부모들의 모습을 닮고 싶지 않은 것이 이유라면 이유였다.

"자식이 스무 살이 되면 혼자 할 수 있도록 내버려둬라. 자식이라도 성인이 되면 타인이라고 생각해라. 참견하지 말아라. 날개를 달아주어라. 따라다니지 말아라. 자식 교육은 부모가 다 망친다." 법륜 스님, 황창연 신부님 그리고 방송에서 흔히 볼 수 있는 소통 강사들의 강연을 들으며 늘 공감했고, 다짐했던 터였다.

그렇다면 나는 너무 감정이 메마른 엄마일까. 아들이 군대 가는 날, 무엇이 그리 서럽고 눈물이 날까. 적어도 자랑스러워서 흘리는 감동의 눈물은 아닐 것이다. 애지중지 키운 아들이 행여라도 깨질세라, 다칠세라 걱정되어 흐르는 눈물일 것이다. 물론 그런 애틋한 부모의 마음을 이해 못 하는 것은 아니다. 각자의 환경에 따라 자식의 양육 방식이 다르겠지만 그것은 내 방식이 아니었다. 자식 귀하지 않은 부모가 어디 있으며, 자식 사랑하지 않은 부모가 어디 있으랴.

지인들 앞에서 마음속의 진심은 감추었다. 마치 대단한 교육자라도 된 것처럼 자랑하고 싶었나 보다. 초등학교 입학식도 아니고, 전쟁 포로로 잡혀가는 것도 아닌데 부모가 졸졸 따라다니면서 뒷바라지해야 하느냐고 의기양양하게 반문했다. 너희들은 나처럼 할 수 없을 거라고 호기롭게 말은 했지만, 마음 한편에서는 바래다줄걸 하는 후회가 들었다.

막상 자식 앞에서는 늘 작아지는 엄마의 새가슴은 어쩔 도리가 없었다. 무엇이 옳은 것인지 정의할 수는 없지만, 마음속의 생각을 행동으로 옮길 때 비로소 열매를 맺는다고 스스로 위로했다.

아들은 논산 훈련소에서 3개월간 훈련을 마쳤다. 강원도 철원으로 자대배치를 받았다고 연락이 왔다. 혼자서 씩씩하게 잘 해내고 있는 아들이 자랑스러웠다. 아니다. 성인이 된 아들을 졸졸 따라다니며 노심초사하지 않았다는 내가 더 자랑스러웠는지도 모르겠다.

자대 배치 한 달 만에 면회하러 갔다. 아들은 어찌 보면 사회에 첫발을 내디디면서 혼자 시작하는 것이 두려웠을 수도 있다. 그러나 혼자서도 잘 대처하는 모습에 진정한 격려와 박수를 보내주고 싶었다. 필요 이상의 관심이나 과잉보호가 아니라 꼭 필요할 때 지켜봐 주고 지지 해주는 것이 더 값진 부모 역할이라는 생각이었다.

중대 인원이 약 90명이라고 했다. 조촐하게나마 전원에게 줄 선물과 빵, 음료수, 떡 등의 간식을 준비해 작은 잔치를 베풀어 주었다. 모두가 소중하고 귀한 아들들이다. 어쩌면 이 아이들 가운데 한 번도 면회를 와줄 사람이 없는 친구도 있을 수 있을 거라는 생각이 들었다. 감사 인사를 받자고 한 건 아니었는데, 중대장은 연거푸 감사하다고 했다. 혹자는 내게 지나치다고 생각할 수도 있겠지. 아니다. 나는 어차피 준비한 밥상에 숟가락 하나 더 얹어 함께 나누면 된다는 마음, 그뿐이었다.

인터넷에 어떤 부모의 하소연이 담긴 글을 읽었던 기억이 있다. 아들이 학교 급식을 싫어해서 엄마가 날마다 정성스레 요리하여 식사 시간 맞춰 집밥을 배달해 준다. 공부하느라 힘들어하니 날마다 학교에 데리러 가기도 한다. 엄마는 맞벌이하면서도 지치고 힘든 와중에 최선을 다해 희생하며 아들이 원하는 것을 해준다. 그러나 아들은 엄마의 수고와 정성에도 불구하고 매사에 불평불만을 늘어놓고 짜증을 낸다는 내용이었다.

　이 엄마에 대한 네티즌들의 반응은 뜨거웠다. 가슴이 답답하다. 아들을 그렇게 상전으로 키워서 어쩌려고 그러느냐. 아들이 주인집 도련님이냐. 엄마가 하녀냐. 하녀가 생색을 내니까 상전이 짜증 내는 것 아니냐. 상전으로 자란 아이가 어른 되면 남 밑에서 적응할 수 있을 것 같으냐. 자식을 상전으로 키워 놓고 마님 대우를 바라는 것이냐. 어린아이 이유식 하듯 키운다. 군대 가고 장가가도 따라다니며 참견하고 보살필 거냐. 그래서 요즈음 아이들이 사회에 적응 못 하는 것이다. 그런 아이들이 결국 어른이 되어도 자립 못 한다. 다른 아이들도 다 급식을 먹는다, 등등 많은 생각을 하게 만드는 반응이었다.

　이런 이야기는 인터넷에만 볼 수 있는 것이 아니다. 지인들 모임에서도 종종 접한다. 어른이 된 자식의 밥을 챙겨줘야 한다며 모임 분위기를 깨고 부랴부랴 집으로 향하는 엄마들을 볼 때, 나도 혹시 이런 엄마가 아닌지 돌아보게 된다. 이런 고민이 쌓여 나의 연륜이 되었을까. 나는 자식이 스무 살이 되기만을 기다렸다는 듯이 아들을 독립시켰다. 이제 나는 나를 위해 살 거라고 다짐해 보지만, 천륜이란 것이 또 나의 발목을 잡지는 않을까 긴장의 연속이다.

  자고로 스무 살이 되면 약관弱冠이라 하였다. 이는 벼슬을 할 수 있는 나이라는 뜻이다. 그런데 부모 된 우리는 그렇게 자식을 바라보고 있는가. 해답은 없다. 자식을 잘 키운다는 것의 기준이 무엇일까. 자식의 문제는 어찌할 도리가 없는, 인생살이에 가장 난도 높은 문제가 아닐까 싶다.

신이 내려준 선물, 올리브

노순이
soonyi5732@gmail.com

2023년 9월 추석 연휴에 스페인 안달루시아를 찾았다. 그곳에서 끼니마다 나온 올리브 절임은 그 맛이 미주 지역에서 먹어본 것과는 차원이 달랐다. 신선하고 상큼하며 짜지도 않은 맛이 그지없이 좋았다.

스페인 남부 안달루시아 지방은 올리브의 세계적인 생산지로, 세계 생산량의 50% 이상을 차지한다고 한다. 식당에서는 좀 더 달라고 부탁하면 올리브 절임을 한 그릇씩 다시 가져다주었다. 이곳 사람들은 개방적이고 친근한 성격을 지녔으며 서빙도 친절하게 해 주어 더욱 기분이 좋았다.

지중해 식단의 중요한 구성 요소인 올리브는 당뇨와 비만, 노화를 예방한다고 한다. 심장병과 암 발생 위험도 20% 가까이 낮춘다고 전한다. 미국의 저명한 건강 잡지 『헬스Health』는 한국의 김치, 스페인의 올리브유, 그리스의 요거트, 인도의 렌틸lentil, 일본의 콩을 세계 5대 건강식품으로 선정했다. 올리브유는 콜레스테롤이 없으며 첨가물이 전혀 들어 있지 않은 유일한 천연 기름으로 알려졌다. 간 기능을 돕고, 유아 발육을 촉진하며 피부 보호에도 효과적이다.

의학의 아버지로 불리는 히포크라테스는 올리브유를 '위대한 치료제'라고 칭했으며 부와 권력의 상징이었던 로마제국은 이를 '황금의 액체'라 부르며 무역의 최고 품목으로 삼았다. 지중해 사람들은 그리스 신화에 나오는 이야기를 이렇게 전한다. 아테네 시민들은 포세이돈이 삼지창으로 솟아오르게 한 샘물을 포기하고 올리브를 선택했다고.

올리브 나무는 척박한 땅에서도 잘 자라, 스페인 사람들은 이를 '신이 내려준 선물'이라 부른다. 안달루시아에 경사진 낮은 산과 황량한 들판을 한 시간가량 버스로 달려도 눈에 보이는 것은 온통 올리브 나무뿐이다. 버스를 세우고 고속도로변의 작은 커피숍에서 커피 한 잔을 마시며 잠시 휴식을 취했다. 커피숍 근처에서 굳건히 홀로 서 있는 올리브나무 아래에서 일행과 사진도 한 장 찍었다.

올리브 나뭇잎은 버들잎처럼 생겼으나 더 작고 두꺼우며, 잎의 끝은 송곳 끝처럼 뾰족하다. 앞면은 짙은 녹색을 띤다. 뒷면은 은빛을 머금고 햇살을 따라 반짝이며 바람이 불 때마다 춤추듯 흔들린다. 따사로운 햇살과 시원한 지중해 바람에 기대여 커피 한 잔을 마시니 마음이 상쾌해졌다.

올리브 나무는 400종이 넘는 품종이 있다. 600년에서 2000년까지도 살 수 있다. 하지만 나무가 나이를 먹으면 열매의 품질과 수확량이 떨어져 나무를 교체해야 한다. 씨앗이 싹트고 묘목이 20cm 정도 자라면 밭에 심고, 5년 후부터 열매를 맺기 시작한다. 상품성 있는 열매를 맺기까지는 20~25년이 걸린다. 5~6월에 꽃이 피며, 수확은 11월에서 2월 중순까지 이루어진다. 품종과 용도에 따라 수확시기가 다르다.

'바래오'라는 전통 방식은 가느다란 갈퀴로 열매를 훑어낸다. 요즈음은 나무를 넓게 심어 열매 터는 트랙터가 지나가며 기계적으로 수확을 한다. 기계로 나무 중간을 붙잡고 흔들면 열매가 다 떨어진다. 그 광경을 보고 있으면 나무 전체가 부르르 떨리는 모습이 학질에 걸려 경련을 일으킨 것처럼 보인다. 나무가 죽지 않는 것이 이상할 정도다.

수확한 올리브는 세척 한 뒤 맷돌로 갈아 으깨고, 씨앗과 껍질, 수분을 제거하면 올리브유가 된다. 수확한 후 아홉 시간 이내에 모든 공정을 마쳐야 품질 좋은 올리브유가 된다. 갓 짜낸 올리브유는 사과나 풋토마토 같은 향기가 난다. 맛은 약간 매콤하고 견과류 같은 맛이 나다가, 시간이 지나면 고소한 맛으로 변한다.

지중해의 따스한 햇살을 듬뿍 받고 자란 올리브 나무와 함께 살아가는 안달루시아 사람들은 그 어느 유럽인들 중에서도 낙천적이고 활기찬 사람들이다. 이들은 아침 공복에 올리브유를 두세 숟가락씩 마시는 습관이 있다. 처음 먹기 시작한 며칠은 화장실을 자주 들락거려야 하는 불편이 따른다고 한다. 장을 청소해 주는 것이 확실한 것 같다. 특히 채소, 과일, 생선, 올리브유와 와인으로 구성된, 이른바 전통적 지중해식 다이어트 덕분에 날씬한 몸매와 건강이 유지되는 것이다.

호텔 식당마다 준비된 소스는 토마토를 갈아 올리브 오일을 섞어 만든 것으로, 이를 매일 빵에 발라서 먹는 것이 이 나라 사람들의 주식이다. 우리 입맛엔 다소 심심하게 느껴진다. 이들은 아침 식사로 구운 바게트에 생마늘을 문질러 갈릭 브레드를 만들고, 소금을 약간 뿌려 먹는다. 또한 돼지 뒷다리를 생으로 말려 대패질한 하몽을 얹어 먹는다. 그래서인지 이곳 사람들의 체격은 약간 통통하고, 남자들은 건강해 보인다.

스페인 사람들은 하루에 보통 다섯 끼에서 여섯 끼를 먹는다. 뜨거운 한낮의 열기를 피하고자 시에스타(낮잠)를 자는 것도 이들의 생활 방식이다. 아침 먹고 일하다가 간식을 먹고, 점심을 먹은 뒤 낮잠을 자고, 다시 일하다가 간식을 먹고 저녁을 맞이한다. 그래서 저녁 먹는 시간은 밤 아홉 시쯤 시작된다. 밤잠은 언제 자는지 모르겠다.

우리는 오후 여섯 시쯤 저녁을 먹으러 갔다. 그때 식당에 저녁 식사를 하는 사람들은 아무도 없었다. 웨이터들은 바쁘지 않아서인지 우르르 몰려와 여유롭게 서빙을 했다. 정말 황송한 기분이었다.

스페인에서 먹은 것 중 제일 맛있었던 것은 빠에야(Paella)였다. 원래 빠에야는 어부들이 잡아 온 고기를 팔고 남은 것에 볶은 쌀을 넣어 은근히 끓인 죽이었다고 한다. 신선한 해물과 볶은 쌀의 고소함이 어우러진 맛이 먹는 내내 행복감을 안겨 주었다. 한국 관광객들이 많아서인지 직원들은 한국말로 "안녕하세요, 맛있어요, 좋아요."라며 친근하게 인사를 건넸다. 그 미소에서 신이 내린 선물 올리브의 온기 같은 정을 느꼈다.

복초이, 화합의 미학

노순이

복초이Bok Choy는 중국 화중 지방이 원산지이다. 한국에서는 청경채 青梗菜라 부른다. 미국에서는 박초이, 차이니스 캐비지 라는 이름으로 알려져 있다. 그 이름은 푸르디푸른 줄기와 잎에서 유래했다. '푸른 줄기 나물'이라는 뜻이다. 내가 거주하는 메릴랜드의 식료품점에서는 연중 내내 복초이를 만날 수 있다. 그 생김새와 색깔도 차분하고 겸손해 보인다.

복초이는 10월에 수확한 것이 가장 맛이 좋다고 한다. 배추의 야생종인 순무와 숭채(배추의 옛 이름)가 중국 북부와 남부에서 자연스럽게 교배된 결과, 현재 우리가 알고 있는 복초이의 원시형이 탄생했다. 이 채소는 매우 연하며 특유의 맛이나 향이 없어서 주로 다른 재료와의 조화를 중시하는 요리에 쓰인다. 쌈이나 샐러드, 나물과 겉절이로도 먹는다. 익혀서 된장국에 넣으면 국물의 구수함을 더욱 깊게 해 준다. 복초이는 결코 자신의 존재를 강조하지 않는다. 어떤 음식에 넣어도 그 음식의 본래 맛을 방해하지 않는다. 오히려 그 맛을 완성하는 역할을 한다.

제맛을 내세우지도, 고집하지도 않는 복초이를 중국 음식점에서는 여러 요리에 사용한다. 어느 요리에 넣어도 중국 음식 본래의 맛이 난다. 저 혼자 뛰어난 맛을 자랑하지도 않는다. 어디에서도 특별한 색깔을 나타내지도 않는다. 그저 푸르다. 다른 재료의 맛을 변화시키지도 않는다. 열에는 약하나 냉장고에서는 한동안 보관해도 변하지 않는다. 부드럽고 연하면서 삶아도 부피가 크게 줄어들지 않는다. 아무리 많은 재료가 섞여도 자신의 자리를 잃지 않는 그 품성은 늘 자신을 지키면서도 다른 것들과의 조화 속에서 빛을 발한다.

복초이는 중국에서 수천 년 동안 다양한 품종이 개발되었다. 20세기 초, 중국 이민자들에 의해 미국에 처음 소개되었다. 이후 전 세계적으로 재배되며 사랑받고 있다. 이 채소는 생육 적정 온도가 약 20°C 전후다. 그 특성상 추운 겨울보다는 온화한 기후에서 잘 자란다. 신선한 복초이를 고르려면 잎이 밝은 녹색을 띠고, 줄기는 단단하며 흰색을 유지하는 것이 중요하다. 복초이는 낮은 칼로리에도 불구하고 중요한 비타민과 미네랄이 풍부해 다이어트와 건강을 챙기는 데에 아주 적합한 식재료이다. 암 예방, 심장 건강, 소화기 건강, 뼈와 눈 건강에 이르는 다양한 이점이 있는 것으로 알려져 있다.

복초이를 생으로 먹거나 익혀 먹어도 건강에 이로운 것은 그 자체가 자연의 선물이기 때문이 아닐까.

나는 가끔 복초이를 활용한 된장국을 끓인다. 그 국물 속에 모시조개를 더하면 깊고 구수한 맛이 한층 살아난다. 주방에서는 복초이 된장국이 보글보글 끓는 소리가 들려온다. 그 소리는 마치 한 곡의 합창처럼 내 귀를 적시고, 몸과 마음을 따뜻하게 감싸안는다.

합창단에서 소프라노가 제 음높이를 고집한 적이 있을까. 복초이는 그 어떤 다른 재료의 개성을 방해하지 않으며 조화를 이루는 중요한 역할을 한다. 독특한 맛이나 강한 색깔을 주장하지 않는다. 언제 어느 곳에서나 누구와도 화합하며 그 존재 자체로 아름다운 조화를 만들어 낸다. 나도 복초이처럼 되고 싶다. 언제 어느 곳에서나 누구와도 어울리며 화합하는 사람, 그저 존재하는 것으로도 다른 사람들과 조화를 이루는 사람이 되고 싶다.

뭐 먹고 싶어?

안병용
peterahn17@naver.com

"뭐 먹고 싶어?"
"글쎄… 자긴 뭐가 좋아?"
아내와 동네에서 외식할 때 자주 나누는 대화다. 아내가 묻고 내가 답하는 식이다. 불행히도 딱히 먹고 싶은 것이 없다. 당기지 않는 음식을 먹으면 속이 편치 않다며 좋고 싫음이 확실한 아내는 음식을 까다롭게 고른다. 아내의 선택에 맞춘다는 생각도 있고, 그냥 아무거나 배만 부르면 된다는 마음도 있어 최종 선택을 주로 아내에게 맡긴다.
"뭐 맨날 나보고 고르래. 자기도 좀 생각해 봐."
"이 근처 뭐가 있으려나. 중식? 일식? 한식? 자장면이나, 우동? 갈비탕, 설렁탕, 추어탕, 만두전골, 칼국수? 돈가스, 월남 국수, 부대찌개?…"
집 근처 식당에서 먹었던 것들을 두서없이 늘어놓는다. 맘에 드는 것을 하나 골라잡으라고. 같이 살아주는(?) 이십 대 후반인 막내딸이라도 곁에 있으면, 그 애 취향대로 피자, 떡볶이, 치킨 같은 배달 음식으로 방향을 확 틀어버릴 수도 있을 텐데 둘은 결론을 잘 내지 못한다.

"나도 지금 땡기는 건 없어. 먹고 싶은 게 별로 없네."

아내가 그렇게 나오면 며칠 전 먹었던 것 중에서 하나를 골라 대충 끼니를 때우는 경우가 많다. 입맛이 까다롭다고 주변에서 놀림 받는 아내나, 주는 대로 먹어대는 나나 솔직히 특별한 맛집 경험이 많지 않아 결국 몇 가지 메뉴 중에서 고르게 된다. '먹어본 놈이 먹을 줄도 안다.'라는 말이 딱 맞다. 다양하게 먹어보지 못하고 살아와 맛에 대한 경험치가 적으니 아무리 시간을 주고 고르라 해도 거기서 거기다. 한심한 일이다.

그러니 "죽기 전에 먹고 싶은 것이 뭐야?" 하고 물으면 대답이 궁색하다. 질문의 의도는 알지만, 먹는 일을 중요하게 여기는 사람들에게 이런 질문을 받으면 괜히 심통이 나서 "꼭 먹으며 죽어야 하나?" 하며 되지도 않는 어깃장을 놓고 싶을 때도 있다. "뭐 그리 먹고 싶은 게 많어?"

탄수화물, 지방, 단백질… 몸에 필요한 영양분을 공급하는 개념으로 먹는 일을 대했다. 다양한 미디어에서 수시로 나오는 먹방을 보며 한입 가득 음식을 밀어 넣는 모습을 미련하다고 흉보기도 했다. 맛집을 찾아다니는 사람들을 보며 "그렇게 할 일 없냐?"하고 혀를 찬 적도 있다. 그러면 아내는 "그래서 당신이 재미없다는 소리를 듣는 거야."라고 타박했다. 남들은 돌아다니며 맛있는 거 먹고 재미있게 산다고.

하긴 여행을 갈 때도 여행지의 주요 명소를 정해 경로대로 이동하는데 중점을 두고 다니느라 바빴다. 그래서 아이들은 "우리 수학여행 왔어?"라며 불평하기도 했다. 여행 일정표에 먹는 곳을 정해 놓은 적은 없다. 그저 가다가 적당한 곳에서 배를 채우면 된다는 생각이었다. 그러다 보니 가족들의 불만이 많았다.

"여행 왔으면 그곳을 둘러봐야지. 무슨 먹는데 시간을 다 쓰냐?" 입을 삐죽 내민 아이들에게 이렇게 퉁명스럽게 말해 분위기를 싸하게 만든 적도 많다. 아내와 아이들의 비위를 맞춰가며 천천히 쉬면서 맛난 음식을 먹으며 보내는 여행을 이제 다 늙어서야 해 본다. 그것도 재미있다는 걸 만시지탄晚時之歎으로 깨닫는다. 미안한 마음이 먼저 든다. 뭘 대단한 것 보겠다고 그랬는지 참. 아무렴~ 먹는 것도 중요허지.

아무튼, 요리 프로그램에서 전문 셰프가 나와 소개하는 멋지고 맛난 요리는 별로 먹어본 적이 없다. 하다못해 소문난 맛집 탐방도 기다리는 대기 시간 아깝다고 거의 가지 않았으니, 음식에 대한 아름다운(!) 기억이 별로 없다. 그저 사료 넣듯 배만 불렸다. 친구들이 한심하다며 이제는 맛집도 찾아다니며 와이프의 기분을 맞춰주라고 한다. 그래야 더 나이 들어서도 얻어먹을 수 있다고.

넷플릭스Netflix에서 2024년 9월에 오픈한 요리 경연 프로그램인 「흑백요리사: 요리 계급 전쟁」을 보았다. 셰프들의 맛에 대한 탐구에 쏟는 열정과, 자신을 한계까지 밀어붙이는 도전, 해낸 자만이 누리는 성취감, 그리고 음식으로 인생을 돌아보게 만드는 만화 같은 낭만도 다

디단 디저트처럼 맛보았다. 요리 대결을 펼치는 세트의 (돈으로 압도한) 엄청난 규모와 음식의 화려함, 창의성에도 새삼 놀랐다.

'요리도 예술이구나!' 확 깨닫게 되면서 요리에 진심인 사람들의 장인 정신을 보고 화들짝 문화 충격도 받았다. 한식, 중식, 일식, 양식 등등 화려하게 차려지는 성찬盛饌, 상찬上饌을 보면서 과거에는 음식으로 재주부리고 장난친다고만 여겼던 파인 다이닝Fine Dining을 조금은 이해할 수 있었다.

그들은 음식으로 시와 수필을 쓰고 있었다. 먹어 없애는, 사라지는 음식으로 쓰는 작품이라니. 순간을 향유하는 시간 예술이 음악만이 아니었다. 다양한 식재료가 어우러져 시각과 후각과 미각의 절정을 만들어 내는 순간의 향연. 젓가락이 닿기 전, 색색으로 다가오는 시각적 기대와 함께 후각과 미각으로 확대되며 확! 입안에서 합쳐지고 터지는 그 맛의 합일合一 순간을 바라보기만 했는데도 입안에 침이 샘솟는다.

증조할머니가 해주던 음식의 추억을 가진 게국지(충청남도의 향토 음식으로, 게장 국물을 묵은지와 함께 끓여 내는 음식)를 활용해 만든 파스타로 '인생 요리'라는 주제의 대결에서 1등을 차지하고 결국 우승까지 해버린 셰프의 서사를 보며, 문득 초등학교 입학 무렵의 어린 시절, 엄니가 해준 호박죽이 생각났다. 맛난 음식하면 떠오르는 기억의 저편에 자리한 아스라한 음식이다. 크면서 호박죽을 많이 먹어봤지만, 그때 기억하던 그 맛은 아직도 찾지 못했다. 마음속 구석진 곳에 웅크린 원초적인 미각이다. 어디선가 만날 수 있으려나?

파인 다이닝!

셰프가 직접 그 시기에 맞는 제철 재료를 활용해 창의적으로 개발한 요리를 코스별로, 아름다운 플레이팅과 함께 눈과 입으로 즐기는 예술적인 음식이라는 그 음식 수필을 맛보고 싶긴 하다. 그런 호사를 이제 나도 누릴 수 있을까.

'뭐요? 엄청 비싸다고요? 젠장, 돈이 읎구먼… 세상일이 다 그렇지 뭐.'

은퇴가 얼마 남지 않았다. 시간을 내서 바쁜 주말을 피한 어느 맑고 바람 시원한 날, 훌쩍 여행을 떠나 맛집 탐방도 하고 싶다, 한가한 시간에 찾아가 오랜 세월 요리를 지켜온 장인이 해주는 음식을 먹으며 인생 고수가 전해주는 맛을 느껴보고 싶다. 코스요리 같은 것은 눈독도 들이지 말고, 호젓한 여행길에 숨어 있는 맛집을 찾아다니는 금강산도 식후경~ 그런 여유 있는 육십 대 후반을 이제는 조금이라도 누리고 싶다.

"여보! 뭐 먹고 싶어?"

진보적 당파성

안병용

"… 처단한다."

내 눈을 의심했다. 열 시가 넘은 오밤중의 느닷없는 계엄령도 황당했는데 계엄포고문 문장 끝에 흉측하게 매달린 그 '처단'이란 단어가 가슴을 비수로 푹! 찌르는 느낌이었다. 의료인을 콕 찍어 지칭하며 특별히 개기는 놈들을 처단한다고 하더니, 끝내는 이런저런 것 다 필요 없고 말 안 들으면 몽땅 처단한다고 마무리 짓는 그 포고문을 보며 한숨과 분노, 잠시의 한탄 끝에 쌍욕이 절로 튀어나왔다.

12·3쿠데타, 2024년 12월에 느닷없이 터진 내란 이후 여야의 극단적인 대치 상황을 보면서 외나무다리에서 대가리를 들이받는 염소가 생각났다. 한쪽이 죽어야 끝날 것 같은 모습을 보며 상대에 대한 원한과 저주가 이렇게나 깊게 자리했음을 뼛속 깊이 느낀다. 장삼이사張三李四의 평범함과는 전혀 무관한 삶을 살아온, 과잉된 무속 의존과 극에 달한 권력욕으로 한 몸이 된 대통령 부부의 도드라짐이 유별나다 했지

만, 여권 전체가 같이 휩쓸려 한 무리로 뭉치는 것은 다들 비슷한 사고의 틀 속에서 그들끼리 어울렁더울렁 살아왔기 때문일 것이다.

이런 살기殺氣가 넘치는 증오의 정치 속에서 일개 시민인 나는 어떤 관점으로 세상을 바라봐야 할지 문득 안갯속처럼 뿌연 앞길에 하냥 불안하기만 하다. 민주사회의 기본 덕목인 서로 다른 의견의 조율과 타협은 정녕 물 건너갔는가. 이쪽도 싫고 저쪽도 싫다는 사람들이 주위에 즐비하다.

하긴 양쪽을 다 비판하며 저 혼자 올바른 척 극중極中주의를 외치는 유력 정치인도 있었다. 프랑스 혁명 이후에 왕정복고가 이뤄졌을 때 루이 18세가 이끌던 왕정의 행태를 묘사하는 데 쓰였다는 '극단적 중도(Extreme Center)'에서 따온 듯한데, 그래서 뭐 어쩌자는 건지 대안이 없는 상황은 질리도록 경험했다.

그간 말깨나 하는 지식인 중에 양비론자들을 많이 봐왔다. 이곳저곳 다 아울러 비판하며 자기들은 상처받지 않고 독야청청 도도하게 외치는 자들은 도덕적 심판관 역할로 보이고 싶은가 본데 왠지 공허해 보였다. 치열한 현장에서 한발 물러서 시시비비만 가리는 관찰자로 자리매김하는 자들이 언제부턴가 비겁해 보였다. 뭔가 있어 보이려는 듯 건네는 비판적 지지, 그런 처세 속에서 은연중 드러나는 오만함도 자칭 지식인들의 덕목(?)이리라.

그러던 중, 이쪽에서 저쪽으로 넘어간 사람들, 흔히 얘기하는 좌(진보)에서 우(보수)로 전향한 자들이 존재 증명이라도 하듯이 그악스레 내뱉는 극우적 발언으로 억장이 무너짐을 경험하다 보니, 온전한 주관을 가진 어른이 된다는 것이 얼마나 힘이 드는 일인지 새삼스레 깨닫는다.

세상을 바라보는 관점에 대해 고민하던 시기에 임헌영의 『문학의 길 역사의 광장』을 읽으며 전기 맞듯 정신적으로 감전된 장면이 있다. 임헌영 교수와 유성호 교수가 대담하는 형식인 그 책에서 '지식인들의 전향'에 관한 질문의 답으로 임헌영은 말한다.

"그게 바로 '투철한 당파성'을 가졌느냐, 아니면 그저 관념적인 양심만 고수하는 지식인이냐에 달린 문제입니다. 즉 당파성을 가진 지식인과 맹목적으로 정의만 외치는 지식인들의 엄청난 역사 인식의 차이가 드러나는 대목입니다. (…)

아무리 영리하고 비상한 인물일지라도 판단력의 가늠자가 '진보적인 당파성'을 잃어버리면 도리어 극우 보수로 전락하고 마는데 그런 지식인들이 의외로 많습니다."

어느 날 불쑥 진보적 활동가에서 극단적인 보수로 전락한 사람들을 보며 생긴 의문에 이보다 더 명쾌한 답이 있을까. 그간 약간은 부정적이라 생각했던 '당파성'이란 단어 앞에서 주춤거렸던 내 마음이 순간 시원해졌다.

대담자인 유성호 교수가 이에 덧붙인다.

"큰 것, 근본적인 걸 놓치고 사소한 과오에만 매달려 시비를 거는 게 당파성을 잃은 소지식인이란 뜻이지요? 원칙이 바람직하게 섰으면 약간의 잘못이 있어도 지지해야 하는데 그게 못마땅해서 막 짖어대는 모양새지요."

 부패로 망하는 보수에 맞서(?) 분열로 망하는 진보의 모습을 바라보며 한탄한 적이 많았다. 조금만 노선이 다르거나 털끝만큼의 잘못만 있어도 전광석화처럼 물어뜯고 비판하며 갈라서는 모습을 보면서 말이다. 작금의 정세는 여러 정당이 다양한 의견을 내고 서로 타협하고 견제하며 경쟁하는 이상적인 상황과는 거리가 멀다. 증오와 적개심 속에서 상대를 제거해야 내가 사는 험악한 상황이 되어버렸다. 그 극단적인 대결의 결말이 대통령이 직접 군대를 동원한 친위 쿠데타, 12.3 내란이다. 오호통재라!

 1979년의 12·12 내란으로 촉발된 5·18민주화운동을 진혼하는 소설 『소년이 온다』의 한강 작가가 노벨문학상을 받는 경사스러운 시기에 터진 12·3쿠데타라니. 이런 블랙코미디가 또 어디 있을까.
 그러나 그 내란을 맨몸으로 막아서며 대통령에 대한 탄핵과 파면을 요구하는 시민들의 적극적이고 거국적인 시위를 지켜보면서 그리고 기꺼이 동참하면서 새로운 세대가 자신들의 방식으로 시대를 바꿔 나가고 있다는 느낌을 받았다. 역사는 역시 그 나름의 속도와 방향으로 발전하고 있구나 싶어 안도하기도 했다.
 2024년 12월 3일, 군 최고 통수권자가 벌인 야밤의 기습적인 내란의 이유가 상대를 쓸어 없애려는 발작적인 조급함이었는지, 아니면 입에 발린 말뿐인 '구국의 결단'이었는지는 대부분의 국민이 정확히 판단할 것이다. 이 사태를 계기로 '진보와 보수의 싸움'이 아닌 '민주주의와 반민주의 싸움'이며 '공화국과 반사회 세력의 갈등'임을 확실히 보여 주었다. 민주화 세대와 그 민주화를 누리며 성장한 세대의 간극이 허물어지는 계기가 되었다니 참 아이러니하다.

1987년의 반쪽 민주화로 노태우 정권을 잠시 허락한 이후, 여태껏 진보와 보수 세력이 엎치락뒤치락하며 지난한 샅바싸움을 이어왔다. 그러는 사이 화염병에서 촛불로 시위 문화가 변화하더니 이번에는 응원봉을 들고 시위에 참여하는 젊은 세대가 등장했다. 이를 보며 제대로 된 온전한 민주화로 발돋움할 수도 있겠다는 희망을 품는다. 민중가요 「님을 위한 행진곡」과 아이돌 그룹 소녀시대가 부른 「다시 만난 세계」가 시위 현장에 함께 울려 퍼지는 '아름다운 만남'이 어찌 우연이겠는가?

2024년 12월 7일, 노벨문학상 수상 기념식에서 한강 작가는 말했다. "과거가 현재를 도울 수 있는가? 죽은 자가 산 자를 구할 수 있는가?"

『소년이 온다』에서 중학교 3학년 동호의 죽음이 계엄령 선포 즉시 국회에 달려 간 사람들의 마음과 연결되어 있었다. 죽은 동호가 불러낸, 물결처럼 밀려오는 사람들 속에 나도 있었고 또 너도 있었다. 그 즉자적이고 본능적인 감응과 행동의 저변에 흐르는 힘이 무엇인지 콕 집어 설명하기 어려웠지만 한강 작가를 통해 우리 DNA 속에 숨죽이며 억눌려 있던 그 기운이 무엇인지 조금은 알 것 같다.

굴곡진 한반도 현대사 속에서, 지난한 고난을 버텨온 선배 문인 거장들의 어깨 위에서 더 멀리 바라보고 더 깊이 파고든 작가 한강은 타자의 고통에 대한 공감과 인간에 대한 연민이 가진 힘을 보여 주었다. 들릴 듯 말 듯 조용히 속삭이듯 말하는 그녀의 문학 속에 단단한 '진보적 당파성'이 깃들어 있다. 그것을 온몸으로 느끼며 문학이 이렇게 강력한 힘을 가질 수 있음을 깨닫고, 그래서 또 뭉클해진다.

외람되지만, 몇 년 전 나도 수필 작가 타이틀을 얻었다. 문학의 언저리 끝자락에 발가락 하나 살짝 담근 처지인지라 스스로 작가라는 말을 입에 올리기도 쑥스러웠다. 그러나 밤하늘의 북극성처럼 빛나는 한강이 가진 '작가'라는 타이틀을 내 이름 앞에도 슬며시 붙일 수 있는 황송함에 겸연쩍으면서도 괜히 뿌듯해진다. 그리고 힘이 쎈 문학의 힘을 조금이나마 내 몸에 두른 듯하여 마음이 웅장해진다. 무엇보다 이런 글을 쓰고 있는 나의 당파성도 나는 사랑한다.

봄, 꽃이 피다

김미라
mrkim5425@naver.com

준비 땅! 봄꽃 축제가 시작이다. 구례 산수유마을 축제를 시작으로 섬진강 벚꽃, 진해 군항제로 이어지며 속속 열린다. 남녘에서 시작된 꽃 축제가 대전을 지나 군포 철쭉 축제에 이르면 봄꽃 축제는 끝난다. 올해도 축제가 열리는 동네마다 꽃보다 사람이 더 많을 것이다.

20년 전부터 취미로 풍경 사진을 찍는 남편을 따라다녔다. 전국의 경치 좋은 곳도 가지만 꽃피는 동네도 빠짐없이 다녔다. 기막히게 아름다운 풍경을 눈에 보이는 대로 찍는 일이 가능한 일인지 싶었지만, 구경만 하는 나는 행복에 겨웠다.

봄꽃과 함께 잊을 수 없는 풍경들이 남았다. 선비가 심었다는 이천 산수유 마을의 고즈넉함도 인상적이고, 흐르는 계곡물을 따라 화사하게 피어난 구례 산수유 마을 풍경도 마음속에 간직하고 있다. 양평 산수유마을에서는 부녀회원들이 밥을 해주고 동네 할머니가 캐다 파는 달래를 사는 즐거움도 있었다. 강화 고려산 진달래는 어떠한가. 진홍색 바다를 이룬 듯 물결치는 진달래꽃 사이를 한 마리 물고기가 된 듯 흘러 다니다 보면 꿈속인 것만 같았다.

 10여 년 전쯤 고생할 각오로 섬진강 줄기를 따라 활짝 핀 매화 구경을 간 적이 있다. 오랜 운전 시간의 피곤도 설렘으로 채우며 갔지만, 상춘객이 얼마나 많은지 차도는 주차장이 되었고 차들은 앞으로도 뒤로도 가지 못했다.

 광양매실농원을 바로 앞에 두고 한두 시간 안에는 갈 수 없을 것 같았다. 남편이 달빛 아래 활짝 핀 매화를 보자고 했다. 무조건 찬성했다. 차를 돌려 이화가든에서 저녁을 먹고 일곱 시가 넘어서 농원으로 향했다. 매화 축제는 마지막 날을 내일로 앞두고 있었는데, 입구부터 벚굴을 파는 천막들이 가득했다. 손님이 적은 시간대라 노점상 주인은 없고, 노래방 기계에서 쿵작거리는 소리만 쉬지 않고 흘러나와 행사장을 가득 메웠다. 어수선한 입구를 지나 농원 안으로 들어갔다.

 비탈진 입구를 지나니 컴컴한 대나무숲이 오른쪽으로 나왔다. 몇 년 전부터 매실 농원에서 해 뜨는 광경을 찍겠다며 왔던 남편이 기억을 더듬어 앞서서 갔다. 달은 잠깐 고개를 내밀다 구름으로 들어가 버렸다.

 매화가 활짝 핀 산 능선이 눈 앞에 펼쳐졌다. 달빛이 없어도 만개한 꽃을 볼 수 있을 거라 기대했지만, 그건 나의 희망이었을 뿐 가로등 아래서나 희미하게 보였다. 꽃구경은 접어 두고 산책이나 하자며 농원을 돌고 있는데, 중간 정도 왔을까. 저 멀리 산자락 끝으로 오징어 배 집어등처럼 불이 환하게 켜져 있었다. 그곳만 켜 놓은 이유가 궁금해서 가보고 싶었지만, 거리가 꽤 되는 것 같아 한참을 쳐다보기만 했다. 매실 농원 입구에서 벚굴 파는 상인들처럼 손님을 호객할 마음에 켜 놓은 불인 것 같았다.

 달이 환하게 비춘다고 해도 활짝 핀 꽃이 보일지는 알 수 없었지만, 한갓진 맛이 좋다며 계속 걷고 있는데 정자가 보였다. 정자 안으로 들어가 남편과 둘이 마주 보며 서 있는데, 들어오던 사람이 멈칫하며 "미안합니다."하고 돌아 나갔다. 무슨 일인지 잠시 어리둥절했는데, 빛도 없는 깜깜한 곳에서 애정 행각이라도 하는 줄 알았나 보다. 30년 넘게 부부로 살고 있는데 이런 오해를 받다니 웃음이 나왔다. 정자 아래로 멀리 섬진강 줄기가 보였다. 주변이 어두워서인지 강물의 몸집은 더 잘 보이는 것 같았다.

 매실 농원 능선을 따라 활짝 핀 매화 위로 해가 뜨는 광경을 본 적 있는 남편은 그때도 매화는 허옇게 보일 뿐이었다고 했지만, 환한 대낮에 꽃으로 뒤덮인 능선을 한 번도 본 적이 없는 나는 언제 다시 올 수 있을지 아쉽기만 했다.

 남편이 처음 농원에 왔을 때는 달구지나 겨우 지나갈 수 있는 길만 있었다고 한다. 입구에 상인도 없었고 농원 안에도 초가집 한 채만 있었다고 한다. 매화가 활짝 핀 한적한 농원을 보았는데, 사진 찍는 사람들이 다녀가기만 하면 알려져 복잡해진다고 했다.

 그 후로는 봄꽃 구경을 다니지 않았다. 코로나까지 세상을 뒤덮어

봄바람 왈츠 같은

버려 한동안 꽃이 피는 줄도 모르고 지냈다. 올해는 활짝 핀 봄꽃 구경을 갈 수 있을까. 기억 속에 남은 꽃이 피던 곳들은 몰려든 사람들과 다양한 볼거리, 즐길 거리를 제공하기 위한 행사와 맛난 먹을거리를 판매하는 상인들이 모여 축제를 벌일 것이다.

조용하게 봄 분위기를 즐길 수 있는 동네가 없을까. 요즈음은 유난히 목련이 가득 핀 군락지를 가보고 싶다. 검색을 계속하다가 한군데 가보고 싶은 곳을 찾았다. 방문해 보고 좋으면 주변 지인들에게 알려줘야겠다.

봄, 꽃이 핀다. 다시 또 시작이다.

시골집

김미라

　남편 고향은 경기도 파주시 산남동이다. 심학산 아래 자리 잡은 동네로 마을 앞으로는 한강 줄기가 휘돌아 나간다. 그가 처음 보내온 연애편지에 마음이 끌리는 구절이 있었다. 밤에 모깃불을 피워 놓고 평상에 누우면 밤하늘에 별이 대추나무에 대추 열리듯 다닥다닥 보인다고 했다. 서울에서만 살아 별을 본 기억이 없는 나는 시골이 고향인 그 사람이 부러웠다.
　그곳에 남편이 태어나고 자란 집이 남아 있다. 시부모님이 70년 전쯤 직접 지은 집이다. 황토로 지은 집은 동쪽으로 대문이 있고, 그 문을 열고 들어가면 바로 오른쪽으로 소 두어 마리가 내다보고 있었다. 그곳에는 나무로 기둥을 세우고 칸을 막아 놓은 공간이 있다. 그 뒤로는 커다란 창고가 있다. 대여섯 식구가 붙어 잘 수 있는 안방이 있고 건넌방은 큰형님 부부가 신혼을 시작한 방이다. 지금도 직접 불을 땔 수 있는 사랑방이 대문 왼쪽에 있고 집이 둘러싸고 있는 네모난 마당에는 우물이 있다.

　내가 시집온 1989년 겨울, 부엌에 나무를 때는 아궁이가 두 개 있었다. 물을 데우는 큰 가마솥과 밥이나 국을 끓인 조금 작은 솥이 걸렸다. 연기가 빠져나갈 환풍구는 나무로 살을 만들었고, 천장은 그을음으로 시꺼멨다. 아궁이 맞은편에는 땔감으로 쓸 나뭇가지가 천장까지 쌓였고, 그 옆에 나무로 만든 찬장과 선반이 있었다.
　안방과 건넌방 사이는 마루였는데, 뒷밭 쪽으로 작은 창문을 열면 시원한 바람이 불어왔다. 그 마루에 누워 꿀맛 같은 낮잠을 자 보고 싶었지만, 며느리가 할 수 있는 일은 아니었다.
　밤이 되면 요강이 나왔는데 그건 시어머니 전용이었다. 갓 시집온 나와는 아무 상관 없는 물건이었다. 하늘에 반짝이는 별이나 달빛만으로 마실을 다녀 본 적도 없으니, 밤늦게 뒷간에 가려면 남편을 깨워 밖에서 지키고 있으라고 했다. 깜깜한 밤이 무섭기만 한 서울 새댁은 남편이 밖에서 잘 지키고 있는지 수시로 말을 시켜 확인했다. 그런 밤이면 남편은 나만 두고 집 안으로 들어가겠다거나 귀신 이야기를 하겠다고 놀리곤 했다.

　그 집을 이십 년 전쯤에 보수했다. 더 이상 오래된 집에서 살 수 없으니 새로 집을 지어야 한다고 했지만, 시어머니는 대답하지 않았다. 견디다 못한 큰형님이 수리하기로 작정했다. 황토벽에는 시멘트를 바르고 지붕은 개량 지붕으로 바꿨다. 부엌에서 아궁이와 가마솥을 들어

냈다. 그 자리에 싱크대를 놓았다. 마루도 걷어 내고, 창문은 막아버렸다. 보일러를 놓고, 천장은 합판으로 덮어 대들보를 가렸다. 상량문도, 멋스러웠던 나무 살도 볼 수 없게 되었다. 예전 모습 그대로 남아 있는 것은 우물밖에 없다.

어려서 아버지가 운영하던 테이프공장에도 우물이 있었다. 어린 내가 내려다보면 깊이를 알 수 없었다. 시꺼먼 우물 안은 공포 그 자체였다. 빠지면 죽는다는 두려움보다는 그 깊이가 주는 어두움 자체가 대단했다. 두레박으로 물을 퍼 올리면 암흑세계에서 희한한 물질이 올라올 것만 같았다. 하지만 경영악화로 공장 문을 닫게 되었다. 우물을 메우고 그 자리에 집을 지으면서 친정 우물은 사라졌다. 부엌 끝쯤 어디인 것 같았는데, 우물이 있던 자리는 없애면 안 된다는 옛말이 자꾸만 떠올랐다.

시집와서 우물 뚜껑이 열린 날을 본 적이 없다. 물맛이 변해 쓸모가 없어졌다는 것이다. 5, 6년 전이었다. 비가 많이 오던 어느 날, 처음으로 우물 뚜껑이 조금 열려있었다. 어릴 적 기억의 무서움을 떨치고 안을 들여다보았다. 친정집 공장에 있던 우물은 시멘트 맨홀로 만든 깊은 것이었는데, 시골집 우물은 돌로 벽을 쌓았고 바가지로도 물을 퍼낼 수 있었다. 마당에서 두 길 깊이의 우물이었는데 호박 차돌로 정성껏 담을 쌓아 올려 만들었다. 직접 돌을 쌓았을 시부모님의 모습이 보이는 것만 같아서 한참을 바라보았다.

어느 날 시어머니는 우물 자리를 찾던 날의 이야기를 들려줬다. 깜깜한 밤에 뱅뱅두리에 물을 담아 마당을 돌며 별이 세 개 뜬 자리를 찾

봄바람 왈츠 같은 71

아서 팠다고 했다. 물이 잘 나왔다고 한다. 별이 세 개나 뜬 자리여서일까. 맑은 물을 퍼 올리며 어머니는 아들 셋을 모두 잘 키워냈다.

십 년이면 강산도 변한다는데 보수한 집도 이곳저곳 고장이 나고 있다. 시어머니가 안방을 쓰고 있으니 지금 모습이라도 남아 있지만 앞으로 어떻게 될지 모르겠다. 흔적 없이 사라질지도 모른다. 보기에도 아까운 우물을 다시 볼 수 없으면 어쩌나 싶다.

요즈음은 오래된 옛집을 그 모습 그대로 살려 수리하는 일이 인기인 것 같다. 낡은 집을 수리하는 것은 힘든 일이지만, 옛 모습을 되찾고 싶다. 마루와 천장을 뜯어내서 대들보도 상량문도 다시 숨 쉬게 하고, 사랑방 아궁이에 나무를 잔뜩 집어넣어 군불을 지피면 좋겠다. 그리고 형제들을 불러 모아 한방에 앉아 시어머니의 비법대로 살얼음 식혜를 만들어 마시며, 아무렇지도 않은 이야기를 하면서 웃고 떠들고 싶다.

매일 새벽 네 시면 아침밥을 지었던 시어머니처럼 나도 우물에 뜬 별을 떠내 맑은 사발에 담아 두 손 모아 정성을 들인다면 내 자식들도 별을 따라 인생행로를 잘 찾아갈 수 있지 않을까. 그날을 손꼽아 기다린다.

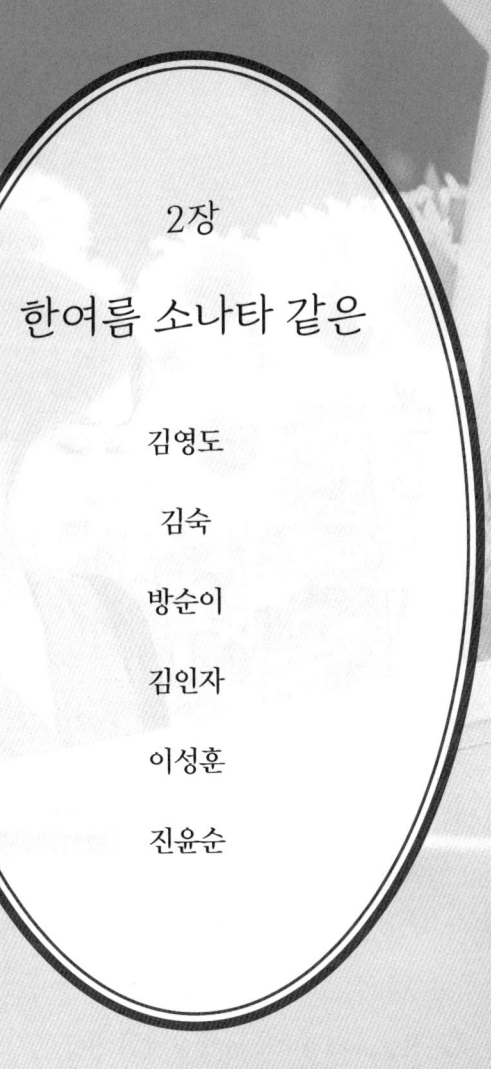

2장
한여름 소나타 같은

김영도

김숙

방순이

김인자

이성훈

진윤순

내비게이션을 껐다

김영도
dudeh16@naver.com

"잠시 후, 오른쪽 방향입니다. 분홍색 유도선을 따라 주행하세요."
언제나 변함없이 친절한 여성의 목소리에 따라 핸들을 돌린다. 타고난 길치라서 초행길뿐만 아니라 두어 번 갔던 길도 헤매는 나에게 내비게이션은 참으로 고마운 존재다.

아들이 직장을 옮긴다고 한다. 한 직장에서 20년 넘게 근무하는 남편의 눈에는 탐탁지 않지만, 이미 독립해 제 길을 가고 있는 자식에게 잔소리를 얹지는 않았다.

잠시 딴생각을 하느라 내비 언니의 말을 놓치고 빠져야 하는 길을 지나쳤다. 그래도 타박하지 않고 금방 새 경로로 안내하겠다고 여전히 나긋나긋하게 말해 준다. 삶에도 내비게이션이 있어서 가야 할 길을 알려 준다면 후회하는 일없이 살아갈 수 있을까?

길을 잃고 한참을 제자리에 서 있던 때가 있었다. 멈춰 있는 내 옆을 스치고 달려가는 친구들을 보면서 부모를 원망했다. 왜 다른 부모처럼 좀 더 나은 길을 보여 주고 이끌어 주지 못하는 걸까? 믿는다는 듣기 좋은 말로 포장했지만, 실상은 방치가 아닌가.

치기 어린 마음에 불만이 차곡차곡 쌓였다. 결국 앞으로 발을 내딛지 않고 옆길로 빠졌다. 많은 사람이 가지 않는 좁고 험해 보이는 길을 택했다. 성능 좋은 내비게이션이라면 절대로 안내하지 않을 울퉁불퉁한 비포장도로였다.

아이에게 내비게이션이 되고자 했다. 길을 잃지 않고 잘 찾아갈 수 있도록, 되도록 험하지 않은 평평한 길로 뒤처지지 않고 달려갈 수 있게 이끌고 싶은 욕심이 가득했다. 엄마니까, 당연한 의무와 권리라고 생각했다.

블링커스blinkers를 씌운 경주마처럼 다른 길에 눈 돌리지 않고 따라오면 된다고 말로 몸으로 강요했다. 높은 버전의 내비게이션이 되기 위해서 부모 강의를 들으러 다니고, 책을 읽으며 나무랄 데 없는 엄마의 상을 만들어 스스로 만족했다.

아이는 내가 제시한 경로를 수시로 벗어났다. 위험 지역, 급커브, 과속 단속 카메라 등의 정보를 제공하며 좀 더 편안하고 넓은 길로 안내하는 엄마 내비를 끄고 스스로 가고자 했다. 생각해 보니 내가 어릴 때 부모에게 가졌던 불만을 아이에게 풀었던 것 같기도 하다. 아이는 원하지 않았는데도 "오른쪽 방향입니다. 다른 길로 접어들지 않도록 주의하세요."하고 잔소리 같은 멘트를 쉼 없이 내뱉고 있었던 게 아닐까. 이제는 내 손으로 전원을 내려야 할 때가 된 것 같다.

스스로 길을 찾아가는 아들을 보면서 서운하기도 하지만, 대견하기도 하다. 나 혼자서 잘 달려왔다고 생각했지만, 등 뒤에서 마음졸이며 지켜보는 엄마, 아빠가 있다는 것을 내 아들의 등을 보며 뒤늦게 깨달았다.

내비게이션이 알려 주는 길이 언제나 옳지만은 않았다. 최신 도로 정보가 반영되지 않거나 업데이트가 지원되지 않아 엉뚱한 길로 안내하기도 했다. 그때는 길치라도 어쩔 수 없다. 가다가 되돌아오기도 하고 샛길로 빠져 없는 길을 찾아가야 한다. 때로는 그 경로를 벗어나 달리는 것이 더 좋을 때도 있다. 큰길에서는 볼 수 없는 풍경을 보기도 하고, 멋진 카페를 발견할 수도 있다.

아들도 그러할 것이다. 혹 더디 갈 수도 있고, 유턴할 때도 있을 테지만 더 많은 것을 보고 즐기며 깜짝 쉼터를 발견할 수도 있겠지.

"목적지에 스스로 도착하였습니다." 친절한 내비 언니의 목소리가 들린다.

청카바와 하이바

김영도

연일 쏟아지는 뉴스 속보에 눈과 귀를 떼지 못하겠다. 지난해 12월 3일 이후, 한 달이 넘도록 바잡은 마음으로 밤잠을 설치고 있다. 급기야는 온몸의 솜털이 바짝 서고, 일순간 시간이 정지되는 듯한 장면을 마주하고야 말았다.

2025년 1월 9일 오후, 서울 여의도 국회 소통관에서 '백골단'이 되살아났다. 김민전 국민의힘 의원이 허연 헬멧을 쓴 청년들을 병풍처럼 세우고 기자회견을 열었다.

"오늘은 반공청년단을 소개해 드리려고 합니다. 이들은 왜 살을 칼로 에는 듯한 바람 속에서도, 눈보라가 휘날리는 밤에도 밤을 지새우며 한남동에서 시위하고 있는지, 그들의 목소리를 여러분께 전해드리려고 합니다."

김 의원은 의기양양한 목소리로 '반공청년단'을 소개했다. 이어 대표라는 자者가 "헌법과 법치주의가 흔들린다면 우리 모두의 자유와 권

한여름 소나타 같은 79

리 또한 위협받을 것입니다. 국민과 함께 윤석열 대통령을 지키고 대한민국의 헌정 질서를 수호하기 위해 앞으로도 모든 노력을 다하겠습니다."하고 선언했다. 그는 위풍당당한 모습으로 뻔뻔한 소리를 내뱉더니 백골단은 자신들의 예하 조직이라며 어깨에 힘을 줬다.

 백골단이라니! 검은색 패딩을 입고 흰색 안전모를 쓴 저들은 과연 '백골단'이라는 이름의 무게를 알고나 있는 걸까. 저들이 말하는 헌법과 법치주의란 도대체 무엇이란 말인가.
 백골단은 민주 사회에서 결코 용납되어서는 안 되는 이름이다. 이승만 정부 시절 자유당이 조직한 정치깡패로 출발해 1980~1990년대 민주화 운동을 탄압한 대표적인 국가 폭력 조직이었다. 민주화를 이루기 위해 학생운동과 노동운동이 활발했던 그 시기에, 그들이 저지른 폭력성은 지금으로서는 상상할 수도 없을 만큼 잔혹했다.
 집회장에서 간이 사다리 위에 올라간 기자를 날아 차기 해 떨어뜨리기, 집 안으로 도망간 학생을 문 부수고 들어가 끌어내기, 남녀를 가리지도 않고 머리채를 잡고 끌어냈다. 출발하려는 지하철의 유리창을 깨고 난입해서 모조리 체포하기, 학교 도서관에서 멀쩡히 공부하고 있는 학생을 강제로 연행하기…. 청카바와 하이바로 대변되는 백골단은 시위대뿐만 아니라 일반시민들도 공포의 수렁으로 몰아넣었다.
 일명 '토끼몰이'라 불리는 진압 방식으로 얼마나 많은 사람이 다치고 목숨을 잃었는지 우리는 기억한다. 지독한 최루탄과 지랄탄 속에서 눈도 뜨지 못하고 숨도 쉬지 못했던 아비규환을. 그 연기 속으로 방독

면을 쓴 청카바와 하이바는 곤봉을 휘두르며 뛰어들었다. 시위대를 여러 조각으로 갈라 포위한 뒤, 곤봉과 방패를 사용해 한쪽으로 몰아넣고 퇴로를 차단했다. 그 후에 가해지는 집단 구타와 연행. 사자가 토끼를 사냥할 때도 이토록 잔혹하지는 않았을 것이다.

백골단의 무차별적인 폭행은 점점 심해졌고, 결국 1991년 4월 26일 명지대학교 1학년 강경대가 시위 중 백골단의 구타로 사망하고야 말았다. 5월 7일, 한진중공업 노조위원장 박창수의 빈소를 습격해 영안실 벽을 깨부수고 시신을 탈취하는 만행까지 저질렀다. 이러한 국가 폭력에 맞서는 반정부 투쟁이 전국적으로 일어나면서, 1991년 백골단이라는 명칭이 사라졌고, 이후 2011년에는 전투경찰 자체가 폐지되었다.

그렇게 잊힌 이름이 2025년에 버젓이 되살아났다. 그것도 국회에서. 어째서 사람이 이 모양인가! 라는 외침이 절로 나온다.

발끝에서부터 차오르는 한기가 삼십여 년 전으로 이어진다. 대학 4년 내내 강의실보다 민주 광장에 앉아 있는 날이 많았다. 하루가 멀다고 이어지는 가두 투쟁, 사진 채증, 폭력 진압과 남발되는 수배와 구속 영장 속에서 많은 선후배가 고초를 겪었다.

1991년 2월, 교내로 난입한 백골단과 전경들에게 머리채가 붙잡힌 날을 잊을 수가 없다. 닭장차에 짐짝처럼 내동댕이쳐져 무릎 꿇린 채로 등을 짓밟는 군홧발 아래서 한 마디 소리도 낼 수 없었다. 미리 준비라도 한 듯 신속하게 진행된 구속 절차로, 다음날 화원 교도소에 수

감 되었다.

담장 밖은 겨울의 끝자락이었지만 교도소의 겨울은 길고도 혹독했다. 석 달 열흘 동안 서릿발 같은 냉기가 뼈마디마다 스며들었다. 나는 지금까지 한여름에도 찬물로 샤워하지 못한다. 출소 후에는 길을 가다 지나가는 경찰만 보면 오랫동안 등허리가 아팠다.

최소한의 도덕 감정마저 잃어버린 저들과의 공존이 너무도 고통스럽다. 치열하게 살아낸 내 젊은 날이 모욕당하는 기분이다. 길고도 힘든 싸움을 앞에 두고, 때때로 무력감이 스멀스멀 기어오른다.

어슬렁거리던 반려묘 다롱이가 무릎 위로 올라와 고롱고롱 소리를 낸다. 따뜻하다. 태어날 날을 기다리고 있는 내 손주에게 폭력의 시대를 물려줄 수는 없다. 명치 끝에 내려앉은 묵직한 돌덩이를 뚫고 밝은 빛이 꿈틀거린다. 화염병과 쇠 파이프가 촛불로 바뀌고, 응원봉으로 옮겨 갔다. 더디 가더라도 멈추지만 않는다면, 수시로 찾아드는 이 한기寒氣도 언젠가는 사라지겠지. 청카바와 하이바를 다시 떠올리지 않아도 되는 그날이 반드시 오리라.

한강이 온다

김숙
kol1443@hanmail.net

평일의 담담한 저녁이 오고 있었다. 귤 향기 나는 홍차를 느긋하게 우리려는 찰나, 카톡방이 요동쳤다. 마치 실시간 중계라도 하듯 "한강韓江 소설가가 노벨문학상을 탔네요!"하는 소식이 올라왔다. 한순간 신경세포가 곤두섰다. 링크된 뉴스를 클릭하는데 나도 모르게 손이 떨렸다. 발칙하게도 "레알?"이라는 반동이 일었다.

소식은 레알(real)이었다. 10월 10일, 마츠 말름 스웨덴 한림원 사무총장의 발표는 차분했다. "2024년 노벨문학상은 한국의 작가 한강에게 수여됩니다. 그녀의 강렬한 시적 산문은 역사적 트라우마를 직시하며 인간 삶의 연약함을 드러냅니다."

담담했던 저녁 시간은 폭풍 전의 고요함이었을까. 기사를 접한 시각이 저녁 여덟 시 무렵이었는데, 이를 기점으로 세상 사람들은 하나둘 한강에 빠져 들었다. SNS에 올라오는 키워드들은 위로와 감동, 해원과 광주, 호남, 대한민국 전체를 아우르며 표출되었다. 예술인 블랙리스트, 선물, 인본주의, 새로운 시대의 희망, 진정한 세계로의 소통 같은 말들이 줄을 섰다. 대한민국 작가 최초, 한강의 기적, 누구도 예상하지 못한 깜짝 수상이었다. 맨부커상에서 노벨상까지, 한국 문학계의 쾌거이자 K-콘텐츠의 저력이었다는 등의 메시지가 끝없이 이어졌다.

가을 음악회장을 다녀 나왔더니, 읽지 않은 메시지가 백 개 이상 쌓였다. 모두 한강 소식으로 도배되어 깜짝 놀랐다. 운전대를 잡은 손과 가슴이 부들부들 떨려서 겨우 운전했다는 지인도 있었다.

"한강은 중흥동 나는 계림동이 고향이니 이웃사촌이다."하고 반가워하는 사람이 있는가 하면, "아! 계림동! 광주고등학교 앞에 아버지의 옛집이 있었는데 그렇다면 나도 이웃사촌이네."하며 숟가락 위에 숟가락을 얹는 이도 보았다.

한강은 아시아에서 네 번째 노벨문학상 수상자다. 앞서 일본의 가와바타 야스나리(1968), 오에 겐자부로(1994), 중국의 모옌(2012)이 있었다. 한강의 수상은 모옌 이후 십이 년 만이다. 우리나라의 노벨문학상에 대한 목마름은 오래되었다. 고은, 황석영, 조정래 등이 후보로 거론되었지만, 번역 문제와 정서적 소통의 어려움으로 번번이 좌절되었다.

한강의 작품을 영어로 번역한 이는 데버라 스미스였다. 그녀는 영국 케임브리지대학교에서 영문학을 전공하고 한국어를 따로 공부했다. 또한 한국 문화에 대한 이해도를 넓혔다. 번역 출판사는 "이번 수상은 번역 문학과 독립 출판의 거대한 승리다."하고 밝혔다.

한강 작가는 1970년 광주시 북구 중흥동에서 태어났다. 초등학교 시절 서울로 이사했다. 연세대학교 국문학과를 졸업한 후 1993년 계간 『문학과사회』에 시 「서울의 겨울」을, 1994년 『서울신문』 신춘 문예에 단편소설 「붉은 닻」을 발표하며 본격적인 작품 활동을 시작했다. 『채식주의자』(2016)로 세계 3대 문학상인 맨부커 인터내셔널상을 탔다. 『소년이 온다』(2017)는 이탈리아 말라파르테 문학상을, 『채식주의자』(2018)는 맨부커에 이어 스페인 산클레멘테 문학상을 받았다.

세평은 한강을 "인간의 폭력성과 그에 따른 삶의 비극성을 집요하게 탐구해 온 작가"로 평가한다. 그녀의 대표작으로는 『채식주의자』 『소년이 온다』 『희랍어 시간』 『흰』 『작별하지 않는다』 등이 있다. 쉰네 살의 작가는 앞으로 6년간 세 권의 새 작품을 구상 중이다.

2024년 10월 10일, 밤이 깊어도 사람들의 축하 열기는 식지 않았다. 단체 대화방 곳곳에서 대표 작품을 주문한다는 소식이 들려왔다. 내친김에 책장 속에서 그녀의 작품을 꺼내 보았다. 『이상문학상 작품집』 『흰』 『채식주의자』 『소년이 온다』 『작별하지 않는다』가 눈에 들어왔다.

나는 한강을 직접 만나본 적이 없다. 미디어를 통해 본 그녀는 조용한 사람이었다. 목소리는 대체로 나직했고, 때로는 갈대피리에서 나는 듯한 바람 소리가 섞인 것도 같았다. 그녀의 언어는 절제되었지만, 상대방을 몰입하게 하는 묘한 힘을 지녔다.

내가 처음 끌린 작품은 『흰』이었다. 흰색이라는 이미지로 어떻게 소설을 구성할 수 있을까. 폴란드 바르샤바를 배경으로, 생명과 죽음, 상실과 기억을 이야기하는 이 작품은 시 같기도 하고 산문 같기도 하다. 비교적 덜 고통스럽게(?) 접할 수 있는 작품이기도 하다.

『소년이 온다』는 5·18 광주 민주화 운동을 배경으로, 군인의 총에 맞아 죽은 친구를 찾아다니는 열다섯 살 소년 동호 이야기다. 그는 결국 군인들에게 살해당한다. 현장에서 무참히 죽은 소년 동호는 민주화 운동 당시 참혹했던 상황을 상징적으로 드러내며, 억울하게 희생된 수많은 사람을 대변한다.

이 소설은 쇳소리와 핏자국에 정면으로 부닥치지는 않지만, 그 흔적이 남긴 역사적 상처와 인간의 고통, 그리고 우리의 아픔을 담고 있다. 동호의 시점과 주변 인물들의 시점을 통해 사건의 잔혹성과 살아남은 자들의 후유증을 입체적으로 조명한다. 치유는커녕 고통을 외면하고 왜곡하는 시대적 상황에서, 연대만이 사회적 치유와 회복을 가능하게 한다고 말한다. 이런 역사적 사건을 잊으면 언제든지 5·18 같은 사태가 다시 올 수 있다고 경고하는 것 같기도 하다.

2021년 한 방송사의 인터뷰에서 소설가 한강은 『소년이 온다』를 쓸 때 가장 많이 느꼈던 감정이 "고통"이었다고 진술한다. 그 압도적인 고통 속에서 소설을 쓰는 동안 거의 매일 울었다. 사실 그 고통의 울음 속으로 독자도 끌어당긴다. "비가 올 것 같아."라는 첫 문장부터 심상치 않다. 작가는 소설에서 국가가 개인, 아니 민중에게 가한 폭력을 고발한다.

신형철 문학평론가는 『소년이 온다』 추천사에서 "한강이 쓴 광주 이야기라면 읽는 쪽에서도 마음의 준비가 필요하겠다고 각오한 사람조차 휘청거리게 만든다. (…) 시적 초혼과 산문적 증언을 동시에 감행하는, 파울 첼란과 쁘리모 레비가 함께 쓴 것 같은 문장들은 거의 원망스러울 만큼 정확한 표현으로 읽는 이를 고통스럽게 한다."하고 평가한다.

『작별하지 않는다』는 제주 4·3 사건을 다룬다. 역사적 폭력과 상처를 기록하고 증언하는 중요성을 강조한다. 나약한 개인의 서사와 국가의 역사가 얽힌 점이 강렬하다. "성근 눈이 내리고 있었다."하고 시작하는 첫 문장부터 주의가 집중된다.

주인공 인선은 작업 중 손가락이 잘려 봉합수술을 했다. 수술 후에는 그 자리를 계속 바늘로 찔러 피를 낸다. 피가 멈추면 신경이 손상되기 때문이었다. 이는 4·3 사건으로 가족을 잃은 고통과 다르지 않다. 작가는 독자에게도 이 아픔을 기꺼이 직면하게 한다.

『채식주의자』가 개인과 사회의 폭력을 다루었다면 『소년이 온다』와 『작별하지 않는다』는 국가의 폭력을 조명한다고 세간은 말한다. 한강의 노벨문학상 수상은 그동안 외면당했던 역사적 진실과 약자의 목소리를 세계가 인정한 사건이다. 우리는 이제 번역본이 아닌 원작으로 그녀의 작품을 읽으며, 기억하고 증언하는 연습을 할 수 있다. 그러나 국가는 세월이 흐른 지금도 역사적 사건들의 진정성을 가로막고 미해결 과제로 남겨 국민은 고구마를 먹고 체한 것처럼 답답할 때가 많다.

이번 노벨문학상 수상이 작가에게 영광이라면, 고구마를 먹고 체한 가슴으로 사는 우리 국민은 속이 뻥 뚫리는 소화제를 처방받은 것 같다. 그중에 가장 중요한 점은 세상이 약자의 진정성을 인정했다는 사실이다. 그다음으로는 번역본이 아닌 모국어로 노벨상 작품을 읽을 수 있다는 것이다.

한 지인은 외국어로는 어떻게 번역했는지 영어 번역본까지 주문했노라고 호기롭게 말했다. 나는 한강의 수상과 관련하여 놀람과 감동으로 설레다가, 세상이 다 아는 일이지만 일기 삼아 글 한 편을 얹는다. 모두 다 아는 사건이라 해도, 내가 기억하고 기록하며 증언하는 연습이 필요하지 않을까.

예전에는 국문학과나 인문학 계열을 전공하면 '굶을 과'라거나 '굶어 죽기 딱 좋은 과'라고 비아냥거리는 사람들이 많았다. 이제는 문과생들이 당당하게 기를 펴고 "노벨문학상 받으려고 문과에 입학했다." 하고 말할 수 있는 세상이 되었다며 반색하는 이도 있다.

음악회를 마치고 백 개의 문자를 확인했다는 지인은 그날 밤, 다섯 명의 동호인과 열아홉 병의 '새로'라는 소주와 함께 한강에 빠졌노라고 고백했다. 소주 이름에 '새롭다'라는 의미를 부여하며, 한강의 노벨문학상 수상에 축배를 들었다고 전했다. 앞으로 제2, 제3의 새로운 한강이 우리 곁으로 올 것이라고 예고 하듯이.

오쾅 난 날

김숙

모처럼 동네 목욕탕 사우나실에 들렀다. 주변을 조심스럽게 살피다가 빈자리 한 곳에 앉았다. 그때, 혼인 후 김장 서른 번을 넘어 열 번은 더했을 여인이 입을 열었다. "오쾅 난 날 나는 돈 푸는 날이여." 오쾅 여성보다 두어 살 아래로 보이는 여인이 맞받았다. "맞어, 저 성님은 그러더랑게" 오쾅 여인과 비슷한 연배의 옆 사람이 뜨악한 표정으로 반문했다. "아니, 오쾅 나면 재수 대박 존 날 아녀? 돈을 땄다고 해야제 왜 폈다고 하는 것이여?" 말본새가 여간 야무지지 않았다.

사우나실을 오랜만에 찾았더니, 늘 자리하던 기득권 멤버 몇몇은 보이지 않았다. 충혈된 눈빛 같은 원적외선 불빛은 그대로였다. 후끈한 방 안에서 땀 빼기 마니아들은 찬물 바가지를 끼고 앉았고, 일부는 이곳을 대화방 삼아 이바구 삼매경에 빠졌다. 여전히 낯설지 않은 풍경이다.

땀을 내는 데도 패션이 있는가 보다. 대부분 목욕탕에서 제공하는 바가지나 수건을 사용했는데, 그것 말고도 알록달록한 비닐 보자기를 가슴 아래에 두른 사람들이 눈에 띄었다. 비닐류로 만든 랩스커트라고 하면 맞을 것 같다.

누군가 창틀에 세워둔 모래시계를 바라보며, 땀이 흐르기를 기다렸다. 시계를 뒤집는 모습을 지켜보다가 가만히 눈을 감았다. 저절로 닫을 수 없는 귀는 무방비 상태였다. 이런 때 귀가 아침에 피었다가 곧 오므라지는 나팔꽃을 닮았더라면 얼마나 좋을까.

하지만 피할 수 없으면 즐기라고 하지 않던가. 눈앞에 일어나는 상황을 세상으로 향하는 또 하나의 창이라고 여겨 본다. 어쩌면 공중에 떠다니는 공기 알갱이들과 이야기 파편들이 내 귓속으로 피신 온 건지도 모른다고 위안 삼는다. 체념 반 흥미 반으로 그녀들 쪽에 은근슬쩍 귀를 기울인다. 김장 마흔 번은 족히 했을 여인이 게임의 즐거움과 오퀑 난 날 전모를 쏟아놓는다.

그녀는 그저 그냥 집안에 틀어박혀 있으면 삭신이 쑤시고 몸살기가 도졌다. 방안에 진득하게 누워 있을라치면, 천장은 꽃들이 다투는 그림으로 도배되었다가 지워지기를 반복했다.

여인은 급기야 문을 박차고 나가 어느 놀이방으로 향한다. 그녀가 찾는 장소는 일종의 하우스? 같았다. 그곳으로 가는 도중 몸살기가 가라앉는가 하면 방안 천정에 횡행하던 환각도 말끔히 사라진다. 그도 그럴 것이, 놀이방에 도착하면 그녀가 직접 꽃들의 전쟁에 참전했기 때문이다. 세상에 이보다 재미있는 선부는 없다.

이렇게 흥미로운 싸움을 놓치기 싫어 서울이나 다른 외지에 다녀와서도 집으로 가지 않고 곧장 그곳으로 달려간다. 몸이 피곤해 사우나에 가고 싶어도, 놀이방에 가려는 마음이 우선이다.

곁에 있던 야무진 말본새 여인이 방법을 제시한다. 자기가 아는 사람은 아침 일찍 사우나에 들렀다가 그곳으로 출근? 한다고. 김장 마흔 번 여인에게도 그렇게 하라며 넌지시 권했다. 마흔 번 여인은 남편이 아침 아홉 시에나 기상해서 그럴 수 없다며 단호한 표정이 되었다. 아마도 지켜야 할 성城이 굳건한 것 같았다.

그녀가 세상에서 가장 재미있어하는 놀이는 고스톱이었다. 점당 백 원짜리를 친다. 얼마나 긴 시간 몰두하는지 거금 칠만 원을 잃은 날도 있다. 그런데 웬일인지 돈을 잃어도 재미가 그만이다. 게다가 오광으로 나기가 쉬운 일인가. 처음 다섯 장의 광으로 승리했을 때 일생일대의 행운 같았다. 기적이라도 일어난 줄 알았다. 돈을 따거나 잃기보다 풍선을 타고 창공을 나는 것 같았다. 기분이 좋아진 나머지 "GO! GO!"를 외쳤다. 그러다 누군가에게 되치기를 당했다. 모처럼 띄워 올린 풍선은 이내 바람이 빠지고 말았다.

풍선 띄우기는 상대방이 싼 패 한 장을 자기가 쥐고 있을 때도 해당한다. 바닥에 깔린 패 세 장과 손에 든 한 장을 번갈아 바라보면, 기쁜 표정을 감출 수 없다. 상대에게 전력이 드러나든 말든, 그녀에게 포커페이스 전략 같은 건 아예 없다. 그저 풍선을 타고 붕붕 떠올랐다. 이러니 돈을 따기보다 잃을 때가 많았다. 그럼에도 그녀는 또 그곳에 간다.

세상의 또 다른 창 하나를 바라보다가 김장 마흔 번쯤 조달받은 나를 비춰본다. 글 한 편의 반응에 울고 웃는 나는 또 어떠한가. 기분이 좋아도 쓰고, 나빠도 자판을 토닥인다. 그녀가 돈을 땄을 때처럼 글을 완성했을 때 기분이 끝내주게 좋을지는 모르겠다. 하지만 변변찮은 글이어도 재미있게는 쓰고 싶어, 또다시 펜을 들고 그녀가 놀이방에 가는 것처럼 책상 앞으로 다가간다.

터져버린 풍선을 아쉬워하는 듯한 오쾌 여인의 사연을 듣다가 문득 들려주고 싶은 말이 떠올랐다. 꽃들의 전쟁에서 즐거움과 함께 돈도 따고 싶다면, 「타짜」의 스승 평경장에게 가보면 어떻겠냐고. 도박 기술이 예술의 경지에 이르렀다며 큰소리치는 고수는 이 상황에 뭐라 할지 궁금했다. 혹시 점잖게 한 수 가르쳐 줄 수도 있지 않을까. 하지만 그녀들의 비닐 랩스커트 폭처럼 넓은 오지랖을 챙겨가지 않아서 하고 싶은 말을 꿀꺽 삼키며 슬그머니 사우나실을 빠져나왔다.

내 인생의 로또, 절대 안 맞아!

방순이
truman2001@hanmail.net

잇몸에 염증이 생겨 거의 한 달째 치과에 다니는 남편을 보며 마음이 좋지 않았다. 치과는 애나 어른이나 가기 싫은 곳이기도 하거니와, 개인적으로 치과에서 울려 퍼지는 드릴 소리 같은 기계음에 공포를 느끼는 나로서는 사흘이 멀다고 치료를 위해 방문하는 남편이 안쓰럽게 여겨졌다. 오만상을 찌푸리며 소파에 누워있는 남편의 모습도, 예민해진 반응도 짜증스러웠지만 그러려니 받아들였다. 하루 예닐곱 잔씩 마시는 커피와 맛나게 피워 대는 담배가 건강에 득 될 일 없으니 줄이라고 귀에 못이 박히도록 말했었다. 귓등으로도 안 듣던 모습이 떠올라 고소한 마음도 생겼지만, 길어지는 치료 기간이 걱정되기는 했다.

골프 친다며 친구들과 어울리다 삐끗한 허리에 두 달째 붙여대던 파스를 중단한 지 일주일이 채 되지 않았다. 찜질에 물리치료, 침 맞으며 부산하게 보낸 지난 두 달 동안 남편 덕분에 나도 덩달아 두통약을 먹어야 했다. 쉽게 가라앉지 않는 염증으로 다니는 치과를 바꿔 보라고 해야 하나 고민할 때쯤이었다.

퇴근길, 무언가를 한 보따리 들고 들어오는 남편, 얘기인즉슨 친구와 통화하다가 자신의 잇몸 상태를 얘기하니 약사인 자기 부인을 바꿔주더라는. 그 부인의 권유로 잇몸에 좋은 치약과 각종 영양제를 샀다며 꽤 신나 보이는 눈치였다. 약장 위에 나란히 앉은 근골격에 좋다는 영양제에 눈길이 갔지만, 거기까지는 이해했다. 평소에도 몸에 좋다는 건 열심히 챙겨 먹는 사람이라 자기애가 또 도졌거니 생각하고 넘기려 했다. 내가 순간적으로 화난 건 남편의 이 한마디 때문이었다.

"근데 커피를 좀 줄여야겠어. 친구 와이프 말이 커피가 잇몸에 안 좋다고 하네."

다음 벌어진 상황은 독자들도 상상이 될 터, 속사포처럼 쏟아지는 나의 공격에 남편은 결국 욕실 문을 닫고 들어가 샤워기를 틀었다.

생각해 보면 이번이 처음도 아니다. 우리 집 냉장고 속 홍삼액은 떨어질 날이 없다. 정리함을 들여 쟁여 둘 정도였다. 아들과 내가 마다하는데도 굳이 몫을 정해 세 박스씩 사들이는 남편을 보며 혀를 차기도 여러 차례였다. 결국 한두 팩 맛보다 포기하는 나와 아들 대신 야금야금 알토란 같이 그 모든 홍삼액을 먹어 치우는 남편을 보며 어이없는 엄지척을 해 보이기도 여러 번이었다.

아무리 몸에 좋다고는 하지만 길게 먹는 건 간에 무리가 갈 것 같다고 진지하게 말해 보았지만, 내 말은 먼지처럼 공기 중으로 흩어질 뿐 남편의 홍삼 사랑을 막지는 못했다. 홍삼액 사다 나르기가 뜸해진 건 남편 회사 직원 때문이었다. 홍삼도 길게 복용하는 게 아니라며 3개월씩 먹고 쉬어야 한다는 한의사 직원 매형의 '카더라 통신'을 전해 들은 후 드디어 냉장고가 숨 쉴 공간을 얻었다.

골프 캐디의 말도 내비게이션 안내 음성도 심지어 친구 와이프 말까지도 찰떡같이 잘 듣는 위인이 왜 아내의 말은 등한시하는 걸까, 그 이유가 궁금했다.

결혼 생활 중 매사에 궁합 맞는 부부가 어디 있을까마는 특히 우리 부부의 건강에 대한 견해는 달라도 너무 달랐다. 감기에라도 걸리면 편의점에서 파는 약 한 병 마시고 이불 뒤집어쓰고 푹 자는 나와 달리 남편은 병원으로, 약국으로 돌아치며 주사를 맞는다, 약을 먹는다. 꿀물이나 비타민차를 마신다고 하며 수선을 피운다.

텔레비전 채널 중 매주 어떤 질환에 대해 알아보고 그 분야 전문의가 나와 치료 방법을 설명하는 프로그램이 있었다. 그 방송을 시청한 후부터 남편은 매주 방송된 질환을 앓았다. 지난주는 오십견을 앓았다가 이번 주는 척추 협착증, 다음 주는 분명 전립선 비대증을 앓을 것이란 예측도 가능했다. 출연하는 환자의 증세와 어찌 그리도 매번 같은 증세를 호소하는지 신기할 정도였다.

실제로 몇 번은 병원에 가서 검사도 해 보았지만, 결과는 늘 '이상 없음'이었다. 대상포진인 것 같다며 혼자 끙끙대던 증상도 병원에서 염좌로 판명되면 어김없이 퇴근길엔 파스가 한 보따리 손에 들려 있었고 지속적으로 붙인 파스 때문에 피부 트러블이 생기면 각종 연고가 퇴근길 속주머니에 들어 있었다.

꼬리에 꼬리를 무는 이야기처럼 남편의 질환은 끝이 없었다. 사정이 이렇다 보니 집 안 약장엔 각종 약 봉투가 비좁게 자리 잡았고 약장 위엔 건강 보조 식품과 영양제가 들쭉날쭉 엉덩이를 맞대고 있었다. 내가 내린 남편의 병명은 '건강 염려증'이었다.

왜 내 말은 잔소리로 여기고 다른 이의 말은 조언으로 듣는 거냐며 남편에게 이유를 물었다. 물론 질문하는 내 눈매가 곱지 않았음은 인정한다.

"당신처럼 짜증 내지 않고 상냥하니까."

천연덕스러운 남편의 대답에 나는 맥이 풀렸다. 뭔가 그럴싸한 답변을 기대했었나 보다. 전문가의 말에 신뢰가 더 가서라든가, 하물며 빈말이라도 아내와 똑같이 말해서 더는 안 되겠다 싶어서라든가 하는 변명이었다면 덜 기가 막혔을 것이다. 내가 불친절로 지금 퇴짜를 맞았단 말인가.

본인 몸을 그렇게 생각하는 사람이 해로운 건 다 하고 있는데 어떻게 상냥한 말이 나오겠냐고 따져 물었다. 친구의 아내는 남이니까, 약을 팔아야 하니 당연히 상냥하지 않겠냐고 남편을 다그치고 있는 내 모습이 도리어 한심하게 느껴질 지경이었다. '본인 몸을 그렇게 생각하는 사람'이란 대목에서 뭔가 걸린 부분이 있었는지 남편은 말했다.

"나보다 당신이 더 문제란 생각은 안 들어?"

남편의 논리가 시작되는 순간이었다. 미리 예방해서 나쁠 건 없다, 특히 건강이 그렇다. 참다가 큰 병을 만드는 것보다 몸에 좋다는 것 미리 챙겨 먹고 관리하는 게 낫다 정도로 요약할 수 있겠다. 이런 이야기와 함께 나의 과거도 들춰냈다. 빈혈을 방치했다가 실비보험 가입에 어려움을 겪었던 일, 갱년기 증상이겠거니 미루다가 활액막염으로 응급실 진료를 받은 일, 사다 놓고 손도 대지 않은 갱년기 건강 보조 식품과 함께 모든 몸의 이상 증세를 노화로 치부하는 깃털같이 가벼운 태도, 병원에 가보란 말에 짜증부터 내는 증상까지, 남편이 진단한 나의 병명은 건강 불감증이었다.

넘침과 모자람의 토론은 누가 옳은지 그른지 결론을 내지 못한 채 끝이 났다. 각자의 습관대로 상대를 대하다 보니 걱정은 불친절한 잔소리로, 예방은 자기 몸만 살피는 얄미움으로 변질되었는지도 모른다. 물론 상대방의 의견 속에 자신이 취할 것과 버릴 것 몇 가지 정도는 기억하고 염두에 두겠지만 성향과 습관을 바꾸기란 쉽지 않다. 쉬웠다면 넘침과 모자람이 섞여 지금쯤 적당함으로 균형을 맞추었겠지, 서로를 인정하면 될 일이란 교과서적인 모범 답안이 있지만, 때로는 그 답이 유치한 핑계보다 더한 갑갑함을 유발하기도 한다.

"행복한 결혼 생활에서 중요한 것은 서로 얼마나 잘 맞는가보다 다른 점을 어떻게 극복해 나가는 거다"라는 명언을 남긴 톨스토이조차 극복은커녕 자기 죽음 앞에 아내 대신 딸을 부르라고 할 만큼 배우자와 갈등하지 않았던가.

커피와 담배를 줄인 탓인지 잇몸 영양제 덕분인지, 이도 저도 아닌 치과의사의 노력 때문인지 남편의 치과 치료는 그 후 얼마 지나지 않아 끝이 났다.

주말 아침, 거실에서 자고 일어난 남편의 인상이 좋지 않다. 왼쪽 가슴에 손을 올리고 있다. 뭐하냐고 물으니, 왼쪽으로 누웠더니 가슴이 결린다고 한다.

"가슴이 결리면 힘든데, 병원에 가 봐야 하는 거 아니야? 검사해 봐야 하는 것 아닌가?"

최선을 다해 걱정스러운 대사를 던진다.

고개를 갸웃거리며 여전히 가슴에 손을 올린 남편을 뒤로하고 큰 방으로 들어와 요가 매트를 깐다. 유튜버가 하라는 대로 책상다리하고 앉아 팔을 늘어뜨리고 손을 무릎 위에 얹은 채 복식호흡을 한다. 호흡에 집중하며 천천히 들숨과 날숨을 교차한다. 내부로부터 스멀스멀 최면 걸듯 올라오는 소리가 있다.

'나는 친절하다. 왼쪽이 결리면 오른쪽으로 누우면 된다. 오른쪽으로 누우면 된다.'

사직단과 화장실 두 칸

방순이

　만삭의 배를 안고 산책길에 나선 오후, 신나는 음악과 함께 시야에 들어온 아파트 모델하우스를 보며 구경이나 하자 싶은 마음에 발을 들였다. 큰 평수는 언감생심 엄두도 못 내고 작은 평수를 둘러보며 흐뭇해하는 내게 신랑은 그냥 눌러살라며 핀잔을 주었다. 친지들에게 받은 절값마저 신혼여행 중 은행에 상환할 만큼 대출로 시작한 결혼 생활이 부담이었지만, 어디서 그런 용기가 났는지 덜컥 그 아파트를 계약하고 말았다.
　세 들어 사는 집은 상가아파트라 저녁이면 1층에서 올라오는 음식 냄새 때문에 문을 열어 놓을 수 없었다. 복도식이라 작은 방 창문은 늘 닫아 놓아야 했다. 거실 겸 주방은 둘이 서 있기만 해도 답답할 만큼 좁고 어두웠으며, 서향이라 여름에는 또 얼마나 더운지, 그래도 시댁에서 얻은 돈과 대출받아 합친 금액으로는 나름 최상의 선택이었다.
　새 아파트 분양 신청을 마친 날, 내 집이 생긴다는 설렘과 중도금에 대한 고민으로 잠을 이룰 수 없었다. 곧 식구가 늘 텐데 아이에게 들어갈 예산을 생각하니 섣부른 결정을 한 것 같아 후회가 밀려오기도 했다. 입 하나가 무섭다고 하더니 그 말은 곧 현실이 되었다. 아이가 태어난 후 가계 지출은 예상보다 더 늘어났고, 교대 근무하며 늘어난 생활비를 충당한다고 해도 대출 빚은 줄지 않았다. 아이를 재우느라 남편과 유모차를 밀며 산책하다 보면 저 멀리 우리 집이 보였다. 분양받은 아파트가 자라는 아이처럼 점점 키를 키우고 있었다. 잠시나마 빚을 잊고 흐뭇해하는 빛의 시간이었다. 빚을 갚기는커녕 살던 집 전세금을 돌려받지 못해 대출을 더 받은 후에야 우리는 새 아파트로 이사할 수 있었다.

내 집이 생겼으니 얼마나 좋았을까, 몇 년간은 쓸고 닦기에 공을 들였다. 예쁜 액자를 건다, 소품을 사다 나른다, 커튼을 단다, 하며 부산을 피웠다. 밤 근무를 마치고 들어와서도 청소를 게을리하지 않을 만큼 새집이 좋았다. 네 개 동으로 이루어진 아파트는 동마다 경비 초소가 있어 아이들이 마음껏 뛰어놀기에 안심이었다. 경비원들이 자전거 타는 아이들을 살펴봐 주고 주차장으로 들어오는 차들을 관리하여 마음 놓을 수 있었다. 또한 늦은 시각에 귀가해도 주차 걱정 없을 만큼, 전 세대의 차량을 모두 흡수하고도 남는 넓은 주차장은 우리 아파트가 유일무이했다. 뒤로는 삿갓봉이 있어 한여름에도 시원할 뿐만 아니라 산책하기 좋았고, 오십천이 내려다보이는 전망은 시야를 확 트이게 했다.

아파트 공사 중 발견된 사직단社稷檀 터는 우리 아파트의 자부심이었다. 1995년 발굴 조사와 고증을 거쳐 1998년 아파트 뒤편으로 이전 복원되었다. 사직단은 토지를 관장하는 사신社神과 곡식을 관장하는 직신稷神에게 제사를 지내던 곳으로 조선 건국 직후 지방 300여 고을마다 세워져 마을의 안녕과 풍년을 기원하는 제를 올리던 곳이다.

일제강점기에 민족정기 말살 정책에 의해 폐지되었으며 이제는 전국에 일곱 곳만 보존된다고 한다. 강원도에 존재하는 유일한 사직단이라고 하니 주민은 물론 삼척 시민에게 자랑거리로 여겨지는 것은 당연한 일이었는지도 모른다. 놀이터가 따로 있었지만, 사직단 앞 넓은 공터는 아이가 뛰어놀기에도, 차 한 잔 마시며 그런 아이를 바라보기에도 좋은 쉼터였다. 시끄럽지 않고 한적한 우리 동네가 나는 좋았다.

벽지의 낙서와 장판의 해짐이 멈추고, 아이가 제법 의젓하게 책상 앞에 앉아 책을 보는 나이가 되었을 때 도배와 장판을 새로 했다. 그 사이 동마다 서 있던 경비 초소는 사라졌다. 인건비 문제로 경비원을 줄이면서 초소가 있던 자리에는 주차선이 대신 그려졌다. 주민들은 새로 지은 다세대 아파트로 한두 집씩 이사를 했다, 동문이 많은 학교에 아이를 입학시켜야 한다는 이유도 있었고 세대수가 많아야 관리비가 적다는 이유를 들기도 했다. 그중에서도 새 아파트로 자꾸 갈아타야 집값이 오를 때 차익을 얻는다는 이유가 가장 큰 것 같았다. 그들이 떠나야 할 이유가 있었던 것처럼 나도 남아야 할 이유가 있었다. 아이 학교가 아담하고 가까워서 좋았고, 입주를 함께한 주민과 이웃사촌으로 친하게 지낼 만큼 정이 들어 좋았다. 무엇보다 입주한 후 별 탈 없이 지냈던, 아니 좋은 일이 많았던 이곳을 떠나고 싶지 않았다.

아이가 청소년기에 접어들며 문제가 생겼다. 샤워하는 데 공을 들이는 닮은 꼴 부자의 신경전이 시작된 것이다. 등교 시간과 출근 시간이 겹치면서 아버지는 욕실 문을 두드리며 아들을 재촉했다. 젖은 머리를 흔들며 사방으로 물방울을 튕기는 아들의 복수로 아침이 부산스러웠다. 때로는 남편이 큰일을 보고 있을 때 아랫도리를 부여잡은 아들이 문을 두드릴 때도 있었다. 화장실 한 개라는 불편함이 크게 다가오는 순간이었다.

아이가 대학에 가면서 아파트 내부 수리를 하기로 결심했다. 욕실과 싱크대까지 바꾸는 대공사였기에 고민이 많았다. 그 사이 시내에는 익숙한 이름의 아파트가 세 곳에나 들어섰다. 꽤 많은 이웃이 새로운 보금자리를 찾아 떠나느라 아파트단지가 소란스러웠다. 수리 보다 이사를 택하는 것이 현명한 선택이 아닐지 의견을 내비쳤지만, 취미로 풍수를 배우던 남편으로부터 돌아온 대답은 명당을 두고 어딜 가느냐는 시큰둥한 반응이었다. 내부 수리하는 것으로 마음을 다잡아야 했다. 괜히 고집스럽게 우겼다가 원망 들을 일이 생기면 어쩌나 싶은 마음에 한발 물러서기로 했다.

어느 때부터인가 아파트단지에 아이들이 보이지 않았다. 아파트 나이만큼 자라 우리 아들처럼 도시로 떠난 집들도 있겠지만, 대부분은 시내로 이사 가고 그 자리엔 하나둘씩 연로한 부부들이 이사 오기 시작했다. 아파트단지는 더욱 고요해졌다.

새 아파트로 옮기고 싶다며 살랑대던 마음의 바람은 점점 세기를 더

해갔다. 폐경 후 감정 기복도 그 바람에 부채질했다. 새 아파트로 척척 갈아타는 지인들의 모습이 부럽기 시작하면서, 평수를 넓혀 이사 가는 이웃의 이삿짐마저 행복해 보였다. 동선이 겹치지 않음에도 욕실로 향하는 남편의 뒤통수가 보기 싫어진 것도 그즈음이었다. 도색하여 뽀얘진 집의 외관과 달리 내부는 점점 나이 들어가는 집이 초라하게 보였다.

이사 문제로 다투다 결국 남편을 이겨 먹은 날, 나는 파이팅을 외치며 기세 좋게 모델하우스로 향했다. 목표가 정해지니 의욕이 생기고 덩달아 기분도 좋아졌다, 퇴근 후 교차로에 올라온 아파트 광고를 밑줄 그으며 메모하고 다리품을 팔았다. 주말에는 인근 도시 모델하우스까지 섭렵하며 호들갑을 떨었다.

세상사가 마음먹은 대로 된다면 무슨 걱정일까. 집마다 옥에 티가 하나씩 있었다. 방향이 좋으면 구조가 맘에 들지 않았고 주방이 마음에 차면 거실이 걸렸다. 만족하고 나서며 오른 고속 엘리베이터는 원인 모를 공포감을 안겨 주었다. 시내의 각종 소음으로 문을 열어놓을 수 없는 곳도 있었고 발코니 없는 구조로 인해 아파트 앞뒤가 칼로 싹둑 베어낸 양 불안감을 조성하는 곳이 대부분이었다. 무엇보다 시내권은 출퇴근 신호 대기 시간이 길어 울화가 치밀 것 같았다. 화장실이 두 개라는 최적의 조건에도 그 단점들이 더 크게 다가왔다.

주차할 곳을 찾다 사직단 앞에 이르렀다. 빛바랜 홍살문 사이로 넘어가는 햇살이 따스했다. 편한 걸음으로 한 바퀴 휘둘러본다. 역사적 의미를 떠나 내 집과 함께한 세월 때문인지 그 그림자마저 정겹고 친근하게 느껴졌다.

　나는 여전히 스물여덟 살 먹은 집에 살고 있다. 이사 의욕은 지금 소강상태다. 산책을 마치고 돌아오는 길, 시원한 바람과 함께 사직단이 눈에 들어온다. 마을의 안녕과 평화를 위해 우직하게 서 있는 사직단처럼 나와 내 집도 오랜 시간, 이 자리에서 함께할 것이다. 삿갓봉을 오르내리며 사계절을 만끽하고 남은 이웃들과 해마다 사직단 제례祭禮 풍경을 바라보며 나이 들어갈 것이다. 그러다 또 어느 날, 화장실 두 칸에 꽂히는 날이 오면 훌쩍 모델하우스로 내달릴지도 모른다.

　영원한 것이 어디 있으며, 또한 어쩌겠는가, 간사한 것이 인간의 마음인 것을….

돈 좀 버셨나요

김인자
in509@hanmail.net

"소장님은 어디 사세요?"

얼마 전부터 이런 질문을 자주 받는다. 특히 집을 매수하려는 목적으로 방문하는 고객들이 주로 하는 질문이다. 왠지 공인중개사가 사는 곳은 투자가치도 있을 거라는 짐작 때문인 것 같다. 그럴 때마다 가까운데 산다고 두루뭉술하게 넘기려 하면 한마디 더 거들기 일쑤다.

"돈 많이 버셨지요? 투자는 어련히 잘해 놓으셨을 테고."

지레짐작으로 결론을 짓기까지 한다. 몇 년 전 서울 전역과 몇몇 지방 도시까지 아파트 갭투자 바람이 불었다. 그 광풍의 눈에서 작용하는 원심력을 지켜보았던 '둔산동' 공인중개사의 결산이 궁금해서 묻는 것이란 걸 알 수 있다.

대전에서 대장지역 중 하나로 서구 둔산지구를 꼽는다. 이 지역의 개발 계획은 1987년에 발표되었다. 1991년 말부터 본격적으로 개발이 이루어져 아파트 입주가 시작되었다. 이후 중앙 행정기관과 관공서, 공기업이나 정부 관계기관 등이 대규모로 유치되면서 국가적으로도 중추적인 역할을 하게 되었다. 기업체 및 금융기관과 대형 상업시설, 의료 및 교육시설뿐만 아니라 유흥업소까지 밀집하다 보니 대전에서 땅값이 비싼 지역 중 한 곳이 되었다.

명문이라 불리는 초·중·고등학교는 물론이고 유명한 학원가까지 가까워 자녀 교육을 목적으로 이주하는 세대가 많았다. 강남의 8학군과 비슷한 개념으로 보면 된다. 지리적으로 중심 지역에 위치하여 사통팔달로 연결된 교통망은 인구 유입에 큰 장점이 되었다. 이러한 노른자위 지역이다 보니 전세 수요가 많아 노후 아파트의 시세에 비해 전세가가 매매가의 턱밑까지 차오르기도 했다.

반면, 최근 개발된 도안지구와 세종시는 아파트 분양가에 비해 낮은 전세가로 수억 원의 차액이 발생했다. 투자자들에게는 그만큼 큰 자금력이 필요했기에, 해당 지역은 투자금에 비해 차익을 기대할 만한 투자처가 되지 못했다. 그러나 둔산지구에서는 1~2억 원이면 전세를 안고 30평대 아파트 두세 채를 살 수 있을 만큼 갭gap이 적었다.

이 투자처를 두고 갭 투기 세력이 모여들기 시작한 것이 2018년 후반기부터다. 부동산 투자 공부에 고액의 수강료를 지급하고 얻은 정보로 찾아온 갭 투기꾼들이었다. 어쩌면 작은 바람을 일으켜 태풍으로 확장할 계획을 세운 후 시작했다고 볼 수 있다. 작전 세력을 형성하며 움직였기에 갭투자로 수익이 가능했다는 점을 이 지역의 공인중개사들도 부정하지 않는다.

처음에는 서울 경기지역의 투자자들이 몰려왔다. 이후 대구, 부산, 광주에서, 그다음으로 세종과 대전의 일반 투자자들이 유입되었다. 마지막으로 실수요자들이 울며 겨자 먹기로 매수하기 시작하면서 2021년까지 절정을 이루었고, 이후 서서히 잦아들었다.

불과 몇 년 만에 집값이 두 배 이상으로 오르는 광경을 지켜본 실수요자들은 마음이 다급해졌다. 꼭짓점이란 사실을 인식할 틈도 없이 집을 사야 한다는 조바심에 휩싸였다. 이러한 현상을 주식시장에서는 '상투 잡았다' 혹은 '상투 잡혔다'라고 한다.

투자자들이 일으킨 바람은 스스로 매매가를 형성해 가면서 빠르게 광풍으로 변했다. 전세를 구하는 실수요자는 전세가와 무관하게 깨끗한 집을 선호하는 성향이 있다. 투자자들은 이러한 현상을 투자 방법에 적용했다. 이는 투자 공부의 일부였다. 이런 방식이 가능한 지역을 찍어 주는 역할은 메인 뉴스에도 등장했던 '○○○ 스터디, 스타강사 ○○○' 같은 사람들이 맡았다. 동기 수강생들이 한꺼번에 시장 조사차 몰려다니며 매물을 수집하기도 했다.

낡아서 수리가 필요한 집부터 저렴하게 매수한 후 신축 아파트처럼 리모델링한 후 높은 전세가로 임대하면 수리비를 포함한 매수 자금을 즉시 회수할 수 있었다. 투자금이 묶이지 않은 채 계속 회전하면서 여러 개의 아파트를 소유하였다가 단기간에 오른 만큼 수익을 챙기는 방식이다. 차익 실현을 한 투자자를 통해 지역이 확대되었고, 투자심리는 나비효과를 일으켰다.

놀라운 것은 투자자의 대부분이 20대부터 40대까지의 젊은 층이었다는 점이다. 그 이상의 연령대는 자식에게 명의만 빌려주는 부모 세대였다. 직업을 묻지는 않았으나 대화를 통해 짐작해 보건대 대부분은 회사원, 공무원, 교사였고 자영업자나 선글라스를 낀 정체불명의 사람들도 있었다.

신분 노출이 곤란했던 공직자들은 부모나 가족 명의로 1인 법인을 등록하여 투자 행렬에 가담하기도 했다. 법의 테두리 안에서 이루어지는 경제활동을 비이성적이라며 비난할 수만은 없었다. 편법을 이용하여 손쉽게 횡재 할 수 있는 상황이 안타까웠지만, 그들은 그런 방법을 먼저 알았고 불확실성을 배제한 투자에 과감히 도전했다.

정상과 비정상의 경계가 모호해진 현실이었다. 그들은 취득세, 법인세, 양도소득세 등의 세금을 성실히 납부했다. 그로 인해 당시의 세수가 갑자기 많아져서 나라 살림에도 적잖이 보탬이 된 것으로 안다. 개발 정보를 먼저 알 수 있는 권력자들조차 이런 행위를 했다는 사실이 보도되면서 비난을 받았지만 어찌할 것인가. 손가락질하는 사람들만 민망할 뿐, 지위를 이용한 편법이냐, 불법이냐의 시시비비는 법조차 명확히 가르지 못한 채 도덕성만 강조했다.

'자고 일어났더니 유명인이 되어 있더라'하는 말처럼 어느 날 자신의 부동산 가치가 치솟아 있는 일도 있었다. 대부분 도안지구나 세종시처럼 신도시, 재개발, 재건축 등의 도시계획에 의해 가격이 급등했다. 아무런 관심도 없었는데 어느새 살던 집값이 폭등한 예도 있다. 이럴 때는 교환가치 상승으로 인해 다른 곳으로 이주할 때야 수익을 볼 수 있는데, 갭 투기자들의 작용이 가격상승의 지렛대 효과를 일으켜 의도치 않게 행운(?)을 얻는 경우다.

깜짝 오른 집값에 기뻐서 얼른 팔아치우고 그 집에 전세로 눌러앉았다가 낭패를 본 사람들도 있다. 이곳에서 자녀 교육을 마치고 장년기를 넘긴 사람들은 전원주택이나 새집을 찾아 떠나고 싶어 했다. 단지와 층이 좋은 분양권은 당첨만 되면 몇억씩 프리미엄이 붙을 정도로 분양시장이 뜨거웠으니, 그들은 낡은 집에 미련이 없었다.

세종시나 도안지구에 신규아파트 분양 당첨 확률을 높이기 위해 사는 집을 팔아 무주택자로 만들려는 사람들은 서둘러 집을 팔았다. 그러나 그들 대부분은 높은 경쟁률에 밀려 당첨되지 못했을 뿐 아니라, 예전 집 한 채 값이 눈앞에서 날아가는 것을 망연히 지켜볼 수밖에 없었다. 그런 모습을 보고 나는 '재복財福은 제 복'이란 말을 자주 한다.

"그래서, 그런 걸 뻔히 보고 있던 제가 돈 좀 벌었냐고요?"

단언컨대 갭투자는 한 건도 하지 않았다. '그게 자랑이냐?'라며 혹자는 '미련하다'라거나 '돈이 없었겠지'라고 할 수도 있다. 맞기도 하고 틀리기도 한다. 마음만 먹으면 금융권을 이용할 방법은 얼마든지 있었다. 다만 남편과 함께 빚어낸 그릇에는 담기지 않는다는 걸 진즉에 알고 있었기에 하지 않았을 뿐이다.

한 번은 투자할 다가구나 상가주택을 찾아달라는 사람이 방문했다. 부부가 함께 온 걸 보니 의지는 진지했지만, 수억 원대의 물건을 찾으려는 계획은 너무 허술했다. 알고 보니 자녀 셋을 둔 현역 군인이었다. 남의 일 같지 않았다.

나 역시 군인 가족이었던 예전의 내 모습이 이랬을까. 불확실한 미래에 대한 갈증을 가랑비에라도 축여볼까 했지만, 뜬구름처럼 둥둥 떠다니기만 했던 시절의 나. 어느 길이 내 길인지 알 수 없던 무지함과 또한 무모함에 대책 없이 무기력하기만 했던 나 자신이 떠올랐다. 그래서 슬그머니 한마디 건넸다.

"제 그릇을 먼저 키워 놓지 않으면 오히려 가진 돈이 재앙을 부르는 경우도 더러 보았지요." 재물복을 타고 나지 못했으면 노력해서라도 시류를 볼 수 있는 안목을 먼저 기르길 바라는 마음으로.

1984년, 우리는 진해에서 교육을 받았다. 그때 선발된 육해공군의 일부 소령들이 1년 동안 육군대학에서 고급 장교가 되는 교육을 받으며 가족들도 예절과 일반사회 상식을 비롯한 교양 교육을 받아야 했다.

13평짜리 연탄아궁이 아파트가 제공되었고, 그런 집에 살 수 있게 해준다는 것조차 감사했던 시절이었다. 너무 오래된 아파트다 보니 일산화탄소 중독사고의 위험이 있었다. 예전에 일가족이 불행을 당하는 사고가 있었던 후로, 새벽 여섯 시가 되면 집집이 문을 두드려 무사고임을 확인하러 다녔다. 이때 대답이 없으면 비상사태가 되니 아무리 깊은 잠에 빠졌다가도 노크 소리가 나면 밤새 안녕을 반드시 고해야 했다.

그때 같은 통로에 살던 부부가 생각난다. 서울에서 호텔을 경영한다는 친정아버지 덕에, 월급만으로 사는 대부분의 군인은 꿈도 꿀 수 없을 만큼의 여유를 누리며 살던 사람들이었다.

친정아버지 왈 "아범은 집안 걱정하지 말고 나라 지키는 데만 신경 쓰라."하며 도와주는 거랬다. 남매들의 말투는 달랐다. "국가에서 다 책임져 주는데 먹고살 일이 무슨 걱정이냐?"하고 밀쳐내는 듯한 말이 그녀의 화를 불렀다.

"야, 목숨 담보로 내놓고 사는 게 그렇게 좋아 보이면 니들이 해봐. 나 같은 사람들이 있으니까, 니들은 이렇게 사는 건 줄 알고나 하는 얘기야? 아무리 그래도 내가 못사는 게 당연한 것처럼 말하면 안 되는 거지. 누구 덕에 니들이 이렇게 살 수 있는 건데. 이**."

이 말을 들으며 나까지 괜히 통쾌해져서 잘했다고 부추겼는지, 아니면 기가 질려서 고개가 수그러들었는지는 잘 모르겠다. 그러나 부자 아빠를 두었던 기 쎈 그녀를 내가 부러워했던 건 부정할 수 없는 사실이다. 재물복을 타고난 그녀를 부러워했던 속물근성도 있었지만, 나는 아직 부자가 되지 못했다. 그 속물근성은 내 자식들의 재물복까지도 책임져야 한다는 욕심이었음을 이제야 알게 되었다. 제 인생은 제각각 책임지고 살아야 한다는 진리를 머리에서 가슴으로 내려오게 하기까지가 참 어려웠던 것 같다.

경제관념이 뭔지도 모르고 특수한 조직사회에 몸담았던 남편이 답답하고 측은하기도 했는가 하면 미울 때도 있었다. 여덟 남매 집안의 지난 대소사를 감당해야 하는 건 내 몫이었고, 내 그릇을 채우기도 전에 여기저기 퍼 나르는 일이 늘 먼저이기 때문이었다.

넘치는 것은 남의 것일 뿐만 아니라 마음마저 훑고 떠난다는 걸 늦게 알았다. 하지만, 걱정의 무게를 털어내기까지는 더뎠지만 단단했다. 그랬기에 갭 투기의 광풍 앞에서도 냉정해질 수 있었던 것 같다.

작은 그릇을 품고 나서야 덤으로 따라온 평화. 그 그릇은 적은 것으로도 금방 채워졌다. 그래서 항상 넘칠까 봐 조심하고 작은 것에도 감사할 수 있게 되었다.

"아직도 궁금하시나요? 제 작은 그릇에 담을 만큼은 벌었습니다."

나쁜 여자

김인자

　반바지에 후줄근한 티셔츠를 걸치고 슬리퍼를 질질 끌었다. 한 손엔 두부와 콩나물, 약간의 다른 채소를 담은 까만 비닐봉지가 볼품없이 흔들리고 있었다. 어둑새벽이 미처 걷어 내지 못한 그늘이 곳곳에 웅크리고 있었기에 눈곱조차 씻어내지 못한 내 얼굴이 좀 흐릿하게 보였을지도 모른다.

　부동의 자세로 한곳을 응시하고 있는 사내의 시선이 나를 향하고 있음을 알아차린 것은 불과 몇 걸음 앞이었다. 그가 누구인지 단번에 알았지만, 전혀 모르는 사람처럼 스윽 지나온 것까지는 깜찍하게 잘했다고 쾌재를 불렀다. 그러나 그것도 잠시였다. '벽두에 이상한 사람을 다 보겠네.'라는 표정으로 무심히 뒤돌아보는 건 괜찮지 않을까. '아냐, 그랬다간 지금 이 초라한 몰골이 너를 밀쳐 버린 여자라는 걸 확인시켜 줄지도 모르는데 그래도 좋겠어?' 두 마음이 싸우느라 몇 발짝밖에 떼어놓지 못한 걸음이었지만, 다리가 뒤뚱거릴 지경이었다. '그가 사는 것 같은 신축 아파트가 왜 하필 시댁과 같은 동네인 거야. 새벽 운동을 하러 가는 건가. 결혼도 했겠지?'

기어이 뒤를 돌아보고 말았다. 그 남자는 여전히 내 뒤통수에서 시선을 거두지 않고 있었다. 나보다 키가 조금 작았던 남자. 외국어를 잘하고 손이 고왔던 그 남자. 성대가 탐나던 남자. 그리고 잔디밭에서도 손수건을 깔고 앉아야 하는 사람이었다. 그를 만나면 나의 모성 본능이 발작하는 것이 문제였다.

'거봐, 네가 사람을 착각한 거 맞지? 10여 년 가까이 흘렀는데 변하지 않은 여자가 어딨겠어, 많이 닮은 사람일 뿐이야.'하는 표정을 짓고 고개를 조용히 앞으로 돌렸다.

시가에 다니러 와서 모처럼 부지런히 움직였다가 이런 낭패를 당했다. '그는 여전히 밤톨처럼 매끈매끈하던데, 하필이면 내가 이런 꼴을 하고 있을 때 마주칠 게 뭐람. 우연이지만 짜증 나, 너무 짜증이 난다고….' 이런 심통이 불거지면서 애먼 남편에게 눈 화살을 쏘아댔다. '어제저녁에 먹고 남은 반찬으로 가볍게 해결하자며 새벽바람에 나서는 나를 붙잡았어야지. 나도 좀 우아하게 살도록 해줄 수는 없겠니?'

기차역으로 가느라 타고 가던 택시가 신호등에 걸려 인도 쪽에 멈춰 섰을 때였다. 열어놓은 창문 사이로 따갑게 파고드는 시선을 얼핏 느꼈다. '누구지? 왜?' 건널목 초록 불에도 꼼짝하지 않은 채, 새벽의 그 남자가 바로 옆에서 쏘아보고 있는 게 아닌가. 서로의 눈빛이 이렇게 가까운 거리에서 부딪힌 순간을 피할 방법은 없었다. 그리고 이젠 피할 이유도 없었다.

아까 그 여자가 나였노라고, 네가 착각한 게 아니라고 고백하듯 살짝 고개를 숙였다. 흔연스레 옅은 미소까지 보이는 여유도 생겼다. 그 남자는 미동도 없이 서서 웃지도 않았.

이때 나는 목선과 팔뚝이 다 드러나는 까만 민소매 원피스에 연한 브라운색 립스틱을 바른 모습이었다. 부스스한 머리도 아니었다. 네 살짜리 딸이 곁에 있었고, 손보다는 얼굴이 고운 남편 옆에 앉아 있는 우아한 가정주부의 모습이어서 참 다행이라고 생각했다.

나쁜 여자는 오랜 안녕을 그렇게 전하고 말았다. 내가 그래야 했던 건 순전히 야릇한 조우 탓이라는 핑계도 덧붙였다. 여우처럼 변신하며 앙살 부리던 추억 하나쯤 갖지 않은 여자가 있을까. 네 살이던 딸은 벌써 마흔 살이 넘었다. 추억하는 청춘은 이래저래 아무래도 눈이 부시다.

오리올스의 사회

이성훈
sungyi52@gmail.com

　오리올스Orioles는 '황금'을 뜻하는 라틴어에서 유래한 이름으로 꾀꼬리 과에 속하는 잡식성 새이다. 세계에는 약 서른세 종의 꾀꼬리가 있으며 각각 고유한 특징과 행동을 지니고 있다. 노란색과 검은색이 섞인 황금색 오리올스, 진홍색과 검은색이 섞인 적갈색 오리올스, 과일을 주로 먹는 노란색 오리올스 등 모양과 식성에 따라 다양한 종류로 분류된다. 특히 볼티모어 오리올스는 북미에서 잘 알려진 꾀꼬리 중 하나이다.

　꾀꼬리는 목소리가 곱기로 유명하지만, 오리올스는 휘파람 같은 소리를 낸다. 참새보다 두 배 정도 큰 수컷은 검은색 날개와 주황색 배 그리고 흰 깃털을 가졌으며 암컷은 좀 더 크고 색상이 옅다. 수컷이 훨씬 화려한 모습을 하고 있다. 동물의 세계에서도 수컷이 더 화려해야 하는 걸까. 마치 인간 사회에서 남자가 능력이 있어야 하는 것처럼 말이다.

오리올스는 메릴랜드주의 상징 새이다. 영국 여왕으로부터 메릴랜드 땅을 하사받은 볼티모어 경의 문장 색과 같다고 하여 그의 이름을 따서 볼티모어 오리올스라 명명되었다. 메릴랜드에서 가장 큰 볼티모어시의 야구팀 이름 또한 오리올스이다. 메릴랜드 도민처럼 소박한 이름과 색깔을 가진 새이다.

이 이름은 원래 유럽의 새 이름이었으나 이후 비슷한 색깔을 가진 미국의 새들에게도 적용되었다. 오리올스는 주로 곤충을 먹지만 일부 종은 과일도 섭취한다. 그들은 씨앗과 견과류를 깨뜨릴 수 있는 강한 부리를 가지고 있다. 또한 브러시처럼 생긴 혀를 이용해 꽃에서 꿀을 빨아 먹기도 한다. 오리올스는 북미에서 번식하며 겨울이 몹시 추워지면 중남미로 이동해 겨울을 난다. 그들은 나뭇가지에 식물성 섬유, 풀, 동물의 털이나 거미줄을 엮어 양말처럼 생긴 매달린 둥지를 만들어 생활한다.

2007년 초겨울 아침, 우리 집 앞에 있는 크리스마스트리에 오리올스 한두 마리가 와서 열매를 따 먹더니 어느새 많은 새가 모여들었다. 탐스럽고 붉은 열매를 그날 하루 만에 모두 먹고 갔다. 그래도 기뻤다. 우리 집에 있는 나무 열매를 새들이 그렇게 맛있게 먹고 갔으니까. 바로 경계선 넘어 옆집에도 같은 나무가 나란히 있는데, 어째서 하루 종일 우리 집 나무의 열매만 몰려와 먹고 갔을까?

사철 푸른 나무인 데다 새들의 깃털 색깔과 나무 열매의 색이 비슷해 처음에는 알아채지 못했지만, 자세히 보니 수십 마리의 오리올스가 나무에 앉아 있었다. 저녁때까지 열매를 거의 다 따먹은 후, 새들은 날아갔다. 이튿날, 혹시 다시 몰려와 옆집 나무 열매도 먹을까 싶었지만 끝내 오지 않았다. 너무 궁금해서 양쪽 나무의 열매를 하나씩 따서 씹어보았지만, 우리 집 나무 열매가 좀 더 붉은 것 외에는 맛의 차이를 알 수 없었다. 아마도 그들은 따뜻한 남쪽 나라로 이동하는 길이어서 다시 오지 않은 것일지도 모른다.

이듬해 봄, 새로 지은 집으로 이사 하였다. 집을 지은 사람은 앞마당과 후원에 거름을 뿌리고 밀짚을 기계로 날리더니 풀씨도 휀 바람으로 흩날려서 뿌렸다. 몇 마리의 오리올스가 날아와 거름과 밀짚 속에서 지렁이를 발견하고 땅을 헤집고 다녔다.

이튿날 아침 나는 마당에 벌겋게 내려앉은 오리올스들을 발견하고 깜짝 놀랐다. 수백 마리가 넘는 오리올스가 앞마당과 뒷마당에서 지렁이를 쪼아 먹고 있었다. 이들은 분명 불러오지 않고서는 이렇게 많이 모일 수 없었을 것이다. 먹이가 조금 있을 때는 혼자 먹지만 넘쳐날 때는 동족을 불러 함께 먹는 오리올스를 보며 무척이나 사회적인 새라는 생각이 들었다.

작년에는 텃밭에 물을 쉽게 주려고 스프링클러를 설치하고 타이머로 시간을 맞춰 놓았다. 병충해가 적고 잘 자라는 아삭이 고추를 심어 여러 가정이 나누어 먹을 수 있도록 수확을 늘리고 싶어서였다. 고랑에도 호스를 연결해 아침저녁으로 물을 주도록 조정 해 놓았더니, 물 주는 시간에 오리올스가 와서 목욕했다. 때로는 물 떨어지는 곳에서 가만히 서서 샤워도 했다. 그동안 가끔 모래로 목욕하는 참새는 보았지만, 오리올스가 물로 목욕하는 것은 처음 보았다.

물이 스프링클러를 통해 자주 나오니 흙 속의 지렁이들이 숨쉬기가 어려워졌는지 지표로 올라왔고 그들이 오리올스의 먹이가 되었다. 그러자 부근에서 잘 보이지 않던 오리올스가 우리 집 나뭇가지에 상주하는 듯했다. 그래서 매일 앞마당과 뒷마당을 날아다니며 나에게 휘파람을 불어대니 친근한 식구가 된 느낌이 들었다.

새끼에게 줄 지렁이를 물고 날아갈 때는 주름을 잡아 짧게 만들어 물고 가는 것을 볼 수 있다. 생육하는 모든 것들이 다음 세대를 위해 나름의 지혜를 짜내어 지극 정성을 다하는 것을 보면 현시대의 우리 모습이 안쓰럽게 느껴진다. 세상 살기 힘들다며 아예 자손을 퍼뜨리지 않겠다는 현상이 하늘의 섭리까지 거스르는 세태를 만들고 있는 것은 아닐까.

며칠 전 워싱턴에서 한국인만을 위한 특별 취업 비자 프로그램을 의회에 청원할 한인 단체가 결성되었다고 한다. 이러한 노력이 결실을 이루어 한국인의 일터도 세계화되었으면 하는 바람이다. 일례로 중국의 비상하는 기술 도약은 천안문 사태로 인해 미국으로 피신했던 베이징 대학생들이 미국에서 공부하고 본국으로 돌아가 이룩한 것이라고 한다. 우리들도 어려운 시기에 일거리가 있는 곳, 배울 것이 있는 곳에 인재들이 많이 진출하여 비좁은 국토의 한계를 넘어 신기술을 획득해 나누며 사는 넉넉한 세상이 되었으면 좋겠다.

유전무죄 스테이트

이성훈

시골길 숲속에서 갑자기 붉은 등, 푸른 등이 여러 개 번쩍였다. '뭐지? 아차! 제대로 걸렸네' 누구나 자기가 범칙하고 있을 때 경찰을 만나면 찔리지 않을 리 없다. 그 불빛은 내 차가 앞을 지나치자 여지없이 경찰 순찰차가 되어 길에 나타나 경광등을 켠 채 뒤 쫓기 시작했다. 나는 서둘러 길가에 차를 대고 지갑에서 면허증을 꺼내 두 손에 쥐고 기다렸다. 경찰관은 조심스럽게 다가와 아내가 앉은 승객석 유리창 옆에 섰다. 미국에서는 그게 경찰관의 자기방어에 가장 유리한 방법이다. 나는 유리창을 내렸다. 아마 그는 한 손으로 권총집 단추를 풀었을 것이다.

제한 속도 50마일 시골길을 냅다 달리다가 호되게 걸린 것이다. 왜 그랬을까? 방금 내 차를 추월해 간 델라웨어주 번호판 승용차가 쏜살같이 달리는 것을 보니 시속 100마일쯤은 되는 속도였다. 그래서 발동한 것이 나의 장난기였다. 길은 쭉 뻗어 달리기 좋았고 이른 아침이라 길에는 다른 차가 한 대도 없었다. 게다가 앞을 번개같이 치고 나간 차가 있으니, 경찰이 있더라도 그 친구가 먼저 걸리겠지. 그의 속도가 얼마나 될까? 나도 그처럼 한번 달려 보려고 액셀러레이터를 꾹 밟았다. 하지만, 젊은 친구가 모는 차는 어느 틈에 까만 점이 되며 사라지려 했다.

그 순간 혜성같이 나타난 경찰이 나의 발목을 잡은 것이다. 내 차의 계기판은 85마일을 가리키고 있었다. 재빨리 길가에 차를 세우고 기다리던 나에게 다가온 경찰은 "50마일 존에서 78마일로 달렸습니다." 하고 말했다. 자진해서 차를 세우면 경찰관들은 이를 자진 출두 및 유죄(guilty)로 간주하여 7~8마일을 감해 주는 것을 나는 알고 있었다. 왼손으로 면허증을 내밀며 오른손으로 그들처럼 거수경례를 하니 그는 빙긋이 웃었다. 지역 경찰관들은 제대한 군인을 특채하는 경우가 많아 속성이 군인이다. 면허증을 내주는 순간 나는 변명거리를 생각해 냈다.

"잘 봐주세요, (Give Me a Break.)" 우리는 결혼 40주년 기념 여행 중이거든요!" 그가 눈을 한번 크게 뜨더니 면허증을 가지고 순찰차로 돌아갔다. 후회했다. 얌전하게 다니다가도 델라웨어주 시골길에만 오면 가끔 달려 보는 습관이 생긴 것은 델라웨어주에서는 조금 속도위반 하더라도 초과한 마일 숫자에다 8달러를 곱한 금액을 벌금으로 납부하면 벌점이 없고 기록도 남기지 않는 깔끔한 주이기 때문이다. 하지만 납부 기한 내에 벌금을 내지 않으면 티켓 기록은 내가 살고 있는 메릴랜드로 넘어가고 우리 주의 법을 적용받아 벌금이 부과될 뿐만 아니라 이 정도면 면허정지 수준을 넘어서게 된다.

경관이 잠시 후 신원조회를 끝내고 다시 나에게로 왔다. 얼어붙은 나에게 그는 "40-Year Anniversary! No Ticket! Drive Safety!" 후덕한 인상의 경찰관이 웃는 얼굴로 면허증을 돌려주며 말했다. 나는 감사의 마음을 담아 진심으로 경례했다. 잠시 엉뚱한 생각으로 속도위반을 한 것이 후회되기도 했고, 경찰관이 봐준 것이 정말 고마웠다.

한인이 많은 LA 쪽에서는 경찰관에게 걸렸을 때 "잘 봐주세요" 하면 경관이 도리어 "국물도 없다. (No Soup.)"라고 한다는데, 어쨌든 위기를 모면 하였다. 깨어 있었다면 어김없이 과속을 말렸을 Back Seat Driver인 아내는 경찰과 주고받는 이 이상한 거래를 보며 그냥 빙글빙글 웃고만 있었다.

실은 열흘 전이 결혼 40주년 기념일이었다. 계획했던 여행도 엉킨 일이 있어 못 갔다. 친지들을 초대해 부담을 주지 않으려 설명 없이 식사만 한번 나누고 주중에 잠깐 드라이브 겸 낚시터로 가고 있던 참이었다. 경찰관에게만 루비 웨딩 Ruby Wedding을 고백한 셈이다. '아, 그랬어. 그는 홍옥 같은 등불을 번쩍이며 퍼레이드 하고 축하해 주었지!' 그래서 나는 델라웨어주를 좋아한다. 세일즈텍스 없는 미국의 첫 번째 주이며 마흔아홉 번째로 작은 주이다. 물론 델라웨어주가 제일 먼저 생긴 주는 아니다. 다른 주가 독립 선언서에 서명을 주저하고 있을 때 몸 가벼운 델라웨어 주가 재빨리 먼저 서명하여 첫 번째 주가 되었다.

지금도 델라웨어 모든 차량에는 'THE FIRST STATE'라고 자랑스럽게 쓰여 있다. 나일론과 스판덱스를 발명한 듀폰의 본사가 델라웨어주 윌밍턴에 있다. 그 연구소에는 오천 명 이상의 박사급 과학자들이 근무한다. 최첨단의 내구성을 가진 섬유, 항공, 건축, 농업, 화학제를 개발해 전 세계에 공급하며 막대한 세금을 내주니 더없이 부유한 주이다. 이웃 주에서도 세금 없이 물건을 사러 원정 오니 큰 아웃렛이 델라웨어주에 많다.

　유전무죄를 은근히 믿으며 처벌받지 않을 것으로 생각했던 나의 부끄러운 행동이 부유한 이들이 법을 우습게 여기며 범법을 금력으로 해결하려는 것과 다른 것이 무엇일까? 대동소이? 아니, 같은 것이지! 스피드건 감지기를 달고 경찰 앞에서만 살짝 브레이크를 밟고 무사통과한 앞차를 얄밉게 생각해야 할까? 아니 오늘 일을 거울삼아 나와 공공의 안전을 위해 자숙해야지.

말랑말랑한 잣대

진윤순
jyoon1210@naver.com

'자에도 모자랄 적이 있고 치에도 넉넉할 적이 있다.'라는 속담이 있다. 경우에 따라서는 많아도 모자랄 때가 있고, 작아도 남을 때가 있다는 말이다. 자(尺)는 길이를 나타내는 단위이며, 치의 열 배다. 길이를 재는 기구이기도 하지만 자와 치는 도덕이나 지식, 마음의 깊이를 가늠하기도 한다.

국채보상운동기념도서관의 인문학 수업에서의 일이다. 매번 한 주 동안 일어난 일 중에서 특별한 이야기로 시작된다. 강사는 사담일 수도 있다고 하며 말문을 연다. 이는 수강자에게 도움이 되기도 하고 생각할 거리를 제공하기도 한다.

수강생으로 만나 개별적 만남으로 발전한 한 사람으로부터 전화가 왔단다. 어딜 가나 한강 작가의 이야기가 화두인 만큼, 그 역시 노벨문학상에 관해서 이야기했다. 전화기에서 들리는 첫 마디는 "고은 시인이어야 하지 않나요?"였다. 한참 이야기를 나눈 뒤 강사는 "제 수업을 계속 들었으면 생각이 바뀌었을 수도 있었을 텐데요."하고 답했다. 전화를 건 그는 다른 곳에서 인문학 수업을 계속 듣고 있으며, 대학에서는 고전문학을 전공했다고 한다.

아무리 공부를 많이 했다고 해도 섣부른 판단은 조심해야 한다는 것이 강사의 말이다. 해당 전공 분야에 속한다고 해도 본인의 잣대로 모든 것을 재단하는 것은 착오를 불러올 수 있다는 점도 덧붙였다. 고전문학을 전공한 사람과 현대문학을 공부한 사람은 바라보는 시각이 다를 수밖에 없기 때문이다.

노벨문학상은 열여덟 명의 위원으로 구성된 스웨덴 아카데미에서 선정한다. 매년 초 전 세계에서 약 200명에 대한 추천서를 받아 최종 후보 다섯 명을 뽑는다. 후보자 선정 과정과 명단은 수십 년 뒤에나 공개하는 것이 원칙이므로 비공개로 진행된다. 실제 후보를 알 수는 없지만, 나라마다 추천한 이름이 공개되고, 외부 번역가도 간접적으로 참여하므로 이를 바탕으로 영국의 도박사이트 래드브록스에서 후보자 예측을 한다고 한다.

수년 동안 고은 시인이 노벨문학상 후보에 거론될 때마다 대한민국 독자들은 설렘과 기대감에 부풀었다. 전화를 걸었던 사람의 말처럼 고은 시인이 수상할 수도 있었겠지만, 예측은 예측일 뿐이며 맞을 때도 있고 빗나갈 때도 있다.

고은 작가는 질적으로나 양적으로 방대한 양의 업적을 남긴 작가다. 반면 한강 작가는 양적으로 고은에게 상대가 되지 않는다. 20년 전만 해도 노벨문학상을 양적으로 방대한 문학 작품을 남긴 작가에게 수여하던 시대가 있었다. 시대가 변하면서 수상 기준도 달라졌다. 강사에게 전화를 걸었던 사람은 오래전 자신의 잣대를 지금도 고집하고 있는 것 아닐까.

현재는 양적으로 방대한 것보다 질적으로 새로운 기법을 추구하는 작가들이 주목받고 있다. 2022년 노벨문학상을 받은 프랑스 작가 아니 에르노가 그 예다. 그녀가 수상했을 때도 한강 작가처럼 프랑스 국민 사이에서 의견이 엇갈렸다. 아니 에르노는 '오토픽션'이라는 장르의 자전적 소설을 썼다. 오토픽션이란 픽션과 자신의 전기를 융합해서 쓰는 소설 기법이다. 기존 소설가들이 허구를 중심으로 소설을 창작했다면, 아니 에르노는 자신의 전기를 소설화했다. 이 소설의 새로운 기법이 한림원의 주목을 받은 것이다.

2015년에는 벨라루스 작가 스베틀라나 알렉시예비치의 『체르노빌의 목소리』라는 르포 소설이 노벨문학상을 수상했다. 르뽀 문학은 허구와 진실의 경계를 허무는 형식이다. 그녀의 또 다른 작품 『전쟁은 여자의 얼굴을 하지 않았다』는 2차 세계대전을 겪은 여성들의 인터뷰를 담은 인터뷰 소설로 소녀 병사들과 전쟁을 목격한 여인들의 목소리를 들려주었다. 2016년에는 미국의 대중가수 밥 딜런이 노벨문학상을 수상했다. 그의 노래 「Like a Rolling Stone」의 가사가 대상이 되었다. 밥 딜런은 가수이지만 어릴 때부터 시를 써 왔다고 한다. 대중가요를 시적인 가사로 표현한 혁신적인 문체가 노벨문학상을 안겨 준 것이다.

2024년에 수상한 한강 작가도 마찬가지다. 『소년이 온다』는 1980년 5월 광주민주화운동을, 『작별하지 않는다』는 제주 4·3사건을 소설화한 작품이다. 그 아픈 역사를 시적인 문체를 통해 세계인들에게 울림을 주었다. 시인으로 출발한 한강의 혁신적인 마인드는 대한민국의 아픈 과거사를 현재로 불러왔다. 2015년, 스베틀라나 알렉시예비치는 2차 세계대전 속 여성들의 목소리를 조명하며 세계인의 주목을 받았다. 각기 다른 역사와 아픔을 마주한 두 작가는 문학을 통해 인간의 고통과 존엄을 깊이 있게 성찰했다.

특히 한강은 "역사적 트라우마와 보이지 않는 규범들을 정면으로 마주하며, 각각의 작품에서 인간 삶의 연약함을 드러낸다. 육체와 영혼, 산 자와 죽은 자의 연결에 대한 독특한 인식을 지니고 있으며, 시적이고 실험적인 문체로 현대 산문의 혁신가로 자리매김했다."라는 노벨문학상 선정 이유가 이를 뒷받침한다.

방대한 작품의 양만으로 노벨문학상의 대상이 되는 잣대를 대고 있는 전화 너머 목소리의 주인에게 반론을 제기할 수는 없는 노릇이라고 강사는 말한다. 어디까지나 작품을 받아들이고 소화하는 것은 독자의 몫이기 때문이다. "그럴 수도 있겠죠?"라고 마무리할 수밖에 없었다는 그녀의 말에 공감하면서도 씁쓸했다. 고전에 대한 지식은 많으나 폭을 넓히지 못한 잣대는 속담을 증명하는 셈이었다.

비상계엄을 배경으로 민간인 학살과 희생자들의 이야기를 다루고 있는 한강 작가의 작품에 지구촌 눈동자가 집중되어 있을 때, 공교롭게도 대한민국에서는 계엄이 선포되었다. 뼈아픈 역사의 경험은 시민들과 국회의원들을 빛의 속도로 국회의사당 앞에 불러 모았다. 어느 신부님의 말처럼 용산의 이무기는 계엄이 두 시간짜리 장난이라고 했다. 이무기가 들이댄 잣대는 전 세계가, 온 국민이 인정하기 어려운 것이 아니었을까. 한강 작가의 작품에 주목하는 전 세계의 눈들은 그 말을 어떻게 받아들였을까.

동시다발적으로 지구촌에 생중계된 장면 속에서 군중에 총부리를 겨누고도 차마 방아쇠를 당기지 못한 군인, 총을 등 뒤로 둘러멘 채 민간인에게 미안하다고 고개 숙이며 물러서는 군인의 모습은 『소년이 온다』 속 소년이 독자들에게 들려주었던 '양심'과 맞닿아 있었다. 변화를 무시한 용산의 잣대는 온 국민을 오금 졸이며 밤을 새우게 했다. "군인들이 쏘아 죽인 사람들의 시신을 리어카에 실어 앞세우고 수십만의 사람들과 함께 총구 앞에 섰던 날, 느닷없이 발견한 내 안의 깨끗한 무엇. 세상에서 제일 무서운 게 그겁니다. 양심. 그래요, 양심."이라는 문장이 떠올랐다.

한강 작가는 「빛과 실」이란 제목으로 2024년 12월 7일(현지시각) 스웨덴 한림원에서 강연했다.

과거가 현재를 도울 수 있는가?
죽은 자가 산 자를 구할 수 있는가?

연설 중에 나온 이 문장은 2024년 12월 3일 밤 10시 27분부터 혼란에 빠진 대한민국에 희망의 메시지가 되었다. 스웨덴으로 떠나기 전까지 계엄 상황을 지켜보던 한강은 노벨상 수상 공식 기자회견에서도 12·3 비상계엄에 동원된 군인, 경찰들의 양심선언과 맥을 같이한 소회를 밝혔다. 변할 줄 모르는 용산의 빳빳한 잣대 앞에서 역사의 경험이 알려준 국민의 잣대는 군인 그리고 경찰과 함께 부드럽게 휘어졌다. 자는 길이를 재는 도구지만, 마음이나 지식을 잴 때는 말랑말랑한 잣대가 꼭 필요하다.

나도 어느새 원미동 주민

진윤순

어느 가게가 다른 업종으로 언제 바뀔지, 언제 문을 닫을지 알 수 없다. 내가 사는 아파트 정문 앞 도로 건너에 얼마 전, 청년들이 '장터'라는 이름으로 가게를 열었다. 한 집 건너 하나씩 있는 채소 가게 사이에 같은 업종이 들어왔다. 그 오른쪽에 있는 가게는 카페를 하던 세입자가 폐업한 뒤, 건물주가 편의점을 열었다. 그 왼쪽에 있는 가게도 업종을 바꾼 지 얼마 되지 않았다. 삶의 현장에 뛰어든 청년들에게 내 눈길이 자꾸 끌렸다.

2009년 아파트에 입주했을 당시 그 자리는 택시회사가 있었다. 2015년, 땅 주인은 그 부지 앞부분은 4층 건물을 지었고, 뒷부분은 주차장으로 이용했다. 건물 앞쪽에는 도로와 맞닿은 연못을 만들었다. 연못에는 건물 현관에 들어설 수 있는 아치형 다리를 놓고 팔뚝만 한 잉어가 무리 지어 다녔다. 물가에 하늘거리는 화초와 벽을 타고 오르는 아이비는 삭막한 도심을 조금이나마 푸르게 해주었다. 유럽의 어느 작은 성을 보는 듯한 느낌이었다. 우리 집 베란다에서 내려다보면 내 눈도 즐거웠다. 그 앞을 지나는 사람들은 아름다운 연못에 반해 사진을 찍기도 하고 구경하느라 그냥 지나치지 않았다. 새로 지은 건물에는 갖가지 종류의 학원이 입주했다. 건물 뒤편에 주차장이 있는데도 학원 관계자들이나 학부모들은 연못 앞에 차를 세웠다. 연못 앞이라고 해도 실은 차도였다. 그러다 보니 그 구간은 늘 붐볐다.

어느 날, "퍽!" 하는 소리가 들려 내다보니 교통사고가 났다. 잉어를 보느라 알토란 같은 아이들 머리가 다리 위에 옹기종기 모여 있었다. 도로는 학원 차량과 학부모 차량이 뒤엉켜 있었고 지나가는 차량은 곡예사처럼 운전했다. 그런 사고가 몇 번 반복되자 우리 아파트 주민은 물론, 주변 상인들까지 이 문제로 말이 많았다. 결국 연못이 있던 자리는 주차장으로 변했다. 복잡한 도로 상황은 어느 정도 해소되었지만, 시멘트 군락을 벗어나게 했던 예쁜 연못이 사라진 것은 아쉬웠다.

5년 정도가 지났다. 그 건물은 반년 정도 유령처럼 텅 비어 있더니 마침내 누군가의 새로운 삶을 알렸다. 1층에 '장터'라는 새하얀 간판이 걸렸다. 청년들의 푸른 꿈이 지난여름 청과물 가게로 피어났다. 도로는 장을 보려는 사람들로 인해 다시 몸살을 앓았다. "원 플러스 원!"이라고 외치며 발버둥 치는 삶까지 더해졌다. 그 소리를 듣고 나도 장을 보러 가기도 했으니, 처음에는 가게를 알리는 신고식이겠거니 싶었다. 하지만 여름이 끝나갈 무렵, 그 함성은 기차 화통을 삶아 먹은 듯한 소리로 들렸다. 추워지면 창문을 닫을 테니 괜찮을 것이라 여기다

한여름 소나타 같은

가도, 번갯불처럼 그 마음은 금세 사라졌다. 관리사무소로 전화했다. 관리소장은 이미 주민들의 고충을 많이 접수한 상태였다.

주민들 불만이 많다는 것을 알고 나니 내 건의는 정당하다는 생각이 들었다. 곧 해결되리라 기대했지만, 그렇지 않았다. 한 번은 장 보러 갔을 때, 이제 아파트 주민은 장터를 알 터이니 고함을 치지 않으면 좋겠다고 고성을 지르는 청년에게 넌지시 말을 건넸다. "저희도 살아야지요. 취직도 어려운데 이렇게라도 해야 먹고 살아요." 앳되게 보인 청년은 능청맞은 말과 웃음으로 내게 응수했다. 웃는 낯에 침 못 뱉는다고, 개선장군처럼 말하려던 나는 그 청년에게 지고 말았다. 졌다기보다 어떻게든 살아보리라는 청년의 의지에 주눅이 들었달까. 그는 애송이 같지만, 자신만만한 모습이 오히려 미더웠다.

청년들 가게에는 새로운 물건이 계속 추가되었다. 과일을 추가한 첫날이다. 과일은 채소와 달라 모양만으로 상품 가치를 분별하기 어렵기 때문에 선뜻 손이 가지 않았다. 구경만 하고 여러 가게를 한 바퀴 돌았다. 맛은 검증되지 않았지만, 가성비 좋은 청년네 과일을 샀다. 이곳에서 취급한 품목들은 다른 슈퍼보다 값이 저렴할 뿐만 아니라 신선도도 괜찮았다. 오후 네 시만 되면 확성기를 통해 장 보는 시간을 알렸다. 싼값의 싱싱한 찬거리 때문일까, 의지를 불태우는 청년 때문일까, 불편한 마음은 조금씩 사그라졌다. 고함은 장 보는 시간을 알리는 알람쯤으로 여겼다.

근무시간도 이 가게의 획기적인 모습이었다. 대형마트를 제외한 일반 슈퍼마켓은 연중무휴지만 여기는 일요일에 문을 닫았다. 평일에도 주변 슈퍼와 개점 시간은 비슷했지만, 저녁 여덟 시에 셔터를 내렸다. 일요일 휴무라 그런지, 토요일이면 물건값이 턱없이 저렴했다. 이변이 없는 한 이곳에서 먹거리 대부분을 구매했다. 만족스러웠다.

하루는 엘리베이터에서 만난 한 주민이 청년 가게가 아닌 다른 가게에서 달걀을 사 오다가 나를 만났다. 귀신에게 홀린 듯이 그 가게로 달려갔다. 손해 보는 듯한 느낌이었다. 그동안 싼 한 가지 물건에 눈이 멀었던 걸까? 청년 가게의 달걀값은 오히려 비쌌다. 그때부터 날아든 세일 문자들을 자세히 살펴보며 값을 견주었다. 한 곳이 분주하면 다른 곳은 한가했다. 이리 재고 저리 재고 싼값에 끌려다니고 있는 나를 발견했다. 지폐 한 장, 단돈 백 원을 아끼려고 저울질하는 나를 보면서, 문득 양귀자의 연작 소설 『원미동 사람들』이 떠올랐다.

1980년대 산업화가 한창일 때 원미동遠美洞, 멀고 아름다운 동네의 소시민들이 하루하루 어렵게 살아가는 삶과 애환을 담았다. 그 중 「일용할 양식」이란 작품은 이기적인 현대인의 내면을 적나라하게 보여준다. 김포 슈퍼와 형제 슈퍼는 원가 이하의 가격경쟁까지 하던 사이였다가, 똘똘 뭉친 두 가게는 새로 개업한 싱싱 청과물을 몰아낸다. 원미동 주민들은 철새처럼 낮은 값을 따라다녔다. 두 가게의 전쟁이 끝나 정상화된 가격에는 못내 아쉬워한다. 싱싱 청과물 자리에 이미 존재했던 전파사가 들어온다는 소문이 돌았다. 새 가게를 쫓아낸 두 슈퍼를 잔인하다고 손가락질하던 전파사 주인도 새로 들어올 전파사에 대하여 "그러면 안 되지." 하며 볼멘소리한다. 먹고 사는 문제는 시대와 무관하게 언제나 이기적인 전쟁이다.

나는 어느새 원미동 주민이 되어있었다. 고운 손으로 채소를 들었다 놨다 하는 청년을 보면서 나를 들여다보았다. 그들에게 미안했다. 연못이 있던 곳을 수시로 내려다보면서. 비단잉어가 놀던 자리에 아침 여덟 시부터 네댓 명의 청년들은 물건을 진열한다. 그들은 산란을 위해 처절하게 몸부림치는 연어처럼 동분서주 바쁘다. 이들은 풍요로움 속에서도 일용할 양식을 간절하게 구하고 있다. 장사가 될 만하면 임대료를 올려달라는 주인에게 밀려 열일곱 번을 옮겨 다녔다는 분식점 이야기가 TV에서 흘러나온다. 이기심도 실존적 삶에 공존한다. 「일용할 양식」은 물질만능 속에 소외된 사람들의 이야기지만 함께 사는 세상을 외치고 있는 건 아닐까. 청년의 외치는 알람 소리가 들린다. 나는 장바구니를 챙겨 들고 집을 나선다.

3장

가을빛 모놀로그 같은

조양여

김수진

김혜정

윤태봉

김정중

정희영

깨전쟁

조양여
bud4478@naver.com

"외할머니 통깨를 먹고 나니까 다른 깨는 맛이 없네. 엄마, 깨 볶은 것 있어요?"

마침, 깨소금이 떨어져서 친정엄마가 농사지은 마지막 통깨를 먹기 시작했다. 유품 같은 깨를 먹으려니 엄마를 영영 잃어버리는 것 같아 마음이 쓰이던 참이었는데, 아들 제제와 통화 후 지인이 보내준 참깨를 볶기로 하였다.

깨가든 바가지에 물을 부었다. 워낙 작고 가벼운 깨는 물 위로 동동 떠 올라 올이 촘촘한 채를 받쳐 가며 씻었다. 깨끗이 씻은 깨는 엄마와의 추억을 건져 올리듯 살살 흔들어서 조리질했다. 기쁨 사이 어딘가에 슬픔이 숨어있듯이 깨 사이에 섞여 있던 돌이 나타났다. 돌은 생각보다 많았다. 깨를 일지 않고 그냥 볶았다면 어떻게 되었을까. 내게 깨 볶는 방법을 처음 가르쳐준 이는 시어머니다.

신혼 시절 시집에 갔을 때의 일이다.

"여보, 새아기 가기 전에 깨 좀 볶아서 보내지."

"그렇지 않아도 다 싸놓았어요. 그냥 주면 되지, 뭘 볶아서까지 주라고 해요?"

시어머니가 샐쭉해진 목소리로 트집을 잡았다. 예상치 못한 시어머니의 반응에 시아버지가 멈칫했고 두 분 사이는 썰렁한 기류가 감돌았다. 새아기인 내가 호로록 끼어들었다.

"아버님 제가 집에 가서 볶아 먹을게요."

"그래? 새아기가 깨 볶는 법은 알고 있냐?"

"그럼요, 기름 넣고 대충 볶으면 되는 거 아닌가요?"

시아버지가 놀란 눈으로 나를 쳐다보았다. '볶는다'는 프라이팬에 기름을 넣고 열을 가할 때 쓰는 말이 아니던가. 나는 나대로 눈을 동그랗게 뜨고 시어머니를 바라보았다.

"당신은 저런 애한테 깨를 그냥 주려고 했단 말이지?"

시아버지의 호통을 뒤통수로 들으며 시어머니는 나를 데리고 부엌으로 갔다. 생전 처음 깨를 씻으며 나는 진땀을 뺐고, 시어머니는 깨도 못 씻는 며느리를 보며 한숨을 내쉬었다. 그리고 차근차근 참깨를 씻는 법과 이는 법, 볶는 법을 가르쳐 주었다. 깨는 프라이팬에 볶는 것이 아니었다. 깨끗이 씻어 물기를 뺀 다음 바닥이 얇은 냄비에 넣고 기다란 나무 주걱으로 살살 저으면서 볶는 것이었다.

젖은 깨는 불편한 내 마음처럼 나무 주걱에 달라붙었다. 나는 몇 번이고 주걱에 붙은 깨를 손으로 떼어 냈다. 시어머니는 깨가 볶아지면

가을빛 모놀로그 같은 139

주걱의 물기가 마르면서 저절로 떨어진다며 나를 다독였다. 처음에 하얗던 깨는 볶을수록 연노란색으로 변해갔다.

"주걱질을 멈추면 안 된다. 불을 줄이고 깨 사이로 진한 낙엽빛깔이 보일 때까지 계속 저어야 해. 갈색 깨가 제법 보이면 깨 몇 알을 꺼내서 두 손가락으로 이렇게 비벼봐. 그래, 깨가 바삭하고 으깨지면 다 볶아진 거야."

시어머니는 내가 미덥지 않았는지 그 뒤로도 우리 집에 올 때마다 깨를 볶아 주었다. 깨 볶는 일이 제일 번거로웠던 나는 시어머니께 깨를 자주 내밀었다. 한번은 친정엄마가 보내준 깨를 볶으면서 시어머니가 한숨을 쉬었다.

"아가, 이렇게 시꺼멓게 다 썩은 깨가 어디서 났니?"

도시 사람인 시어머니는 시장에서 깨끗하게 정리된 깨만 사 먹었는지 못난이 깨를 처음 보는 것 같았다. 시꺼먼 깨는 볶아 놓아도 거무죽죽한 못난이였다.

다음에 친정엄마가 집에 왔을 때 나는 왜 썩은 깨를 보냈냐고 엄마를 타박했다. 엄마는 그럴 리가 없다면서 깨를 보자고 했다. 그리고 혀를 끌끌 찼다.

"아니, 네 시어머니는 깨를 씻지도 않고 볶았다니? 이렇게 시꺼멓게 볶아 놓고 참 할 말도 많으시네. 이걸 더러워서 어찌 먹으라고."

깨 색깔이 검었던 이유는 그해 비가 많이 와서 깜부기가 생겼고 깨에도 달라붙어 있어서였다. 그러나 깨끗하게 씻어서 볶아 놓으면 먹을 때는 아무 문제가 없었다.

엄마는 바가지에 깨를 넣고 물을 부었다. 손에 힘을 주어 박박 비비는 모양이 아무래도 부아가 난 것 같았다. 엄마가 씻은 깨는 아기 얼굴처럼 뽀얗게 변했다. 덩달아 엄마 얼굴도 밝아졌다. 볶은 깨는 그예 노랑 빛깔이 되었고 깨소금도 고소했다.

그 뒤부터 엄마는 깨를 보낼 때마다 씻어서 돌까지 고른 다음 다시 말려서 보내주었다. 딸이 시어머니께 책잡힌 게 영 마음에 걸렸던 모양이다.

친정엄마의 삼우제 날, 시골집 광을 정리했다. 2L들이 음료수병에 콩이며 팥이며 참깨가 다소곳하게 정리되어 있었다. 엄마가 시골을 떠나 요양원 생활을 한 지 3년이 넘었으니, 그 곡식들은 4년도 넘게 보관된 상태였다. 새라도 먹게 하자면서 언니들이 잡곡을 마당에 뿌렸다. 그러나 나는 깨 통을 끌어안았다.

"아니야, 이건 내가 가져가서 먹을 거야."

그로부터 7주는 순식간에 지났다. 사십구재 전날 밤이 되어서야 엄마의 참깨를 가져온 생각이 났다. 자정이 넘은 시각에 나는 쏟아지는 잠을 무릅쓰고 깨를 볶았다. 엄마가 지금 나를 본다면 무슨 말을 할까. 이제 깨도 잘 볶는다고 칭찬을 해줄까. 밤이 깊었는데 잠이나 자지 왜 사서 고생이냐고 할까. 엄마가 남겨진 딸들에게 해주고 싶은 말은 무엇일까. 궁리하고 상상하며 깨를 볶았다.

오래된 깨였지만 막상 볶아서 먹어 보니 생각보다 훨씬 고소한 맛이 났다. 볶은 깨를 다섯 자매와 내 아들 제제의 몫까지 여섯 봉지로 나누었다.

다음 날, 엄마의 산소 앞에서 엄마가 하고 싶었을 상상의 말을 자매들에게 전했다.

"지나고 보니 세상 별것 없더라. 딸들아, 남은 인생은 통깨처럼 고소하고 재미있게 살다가 오너라."

볶은 깨를 가져가며 언니들은 고개를 끄덕였다. 나중에 후일담으로 들으니, 언니들도 엄마의 깨를 먹지 못하고 있단다. 다들 냉동실에 넣어두고 친정엄마를 보듯 바라만 본다고 했다. 그러나 제제는 달랐다. 열심히 맛있게 통깨를 다 먹었다. 엄마가 물려주신 고소한 깨 맛은 손주인 제제에게 제대로 전달 되었다.

설마가 사람 잡는다

조양여

"가짜 뉴스겠지."

언니가 돌아누우며 대수롭지 않게 말했다.

"아니 진짜라고, 진짜. 우리가 없는 일주일 사이 한국에 무슨 일이 생긴 게 틀림없어."

정년퇴직 후 노년의 삶을 시작한 큰언니 내외의 안내를 받으며 자매들 여섯 명이 깐짜나부리 지역을 여행 중이었다. 태국 깐짜나부리는 방콕에서 자동차로 네 시간가량 서쪽에 위치하고, 영화 「콰이강의 다리」로도 유명한 지역이다. 그곳에서 차로 30분만 더 가면 미얀마가 있다.

룸메이트인 둘째 언니는 초저녁잠이 많아서 숙소에 돌아오자마자 샤워 후에 잠을 잤다. 나는 유일한 한국어 방송인 YTN을 틀어 놓고 누워있었다. 그때 어깨가 경직된 윤 대통령이 TV에 나왔다. 송신이 매끄

럽지 않아 자주 소리가 끊겼지만 "비상계엄"이란 빨간 자막이 눈에 띄었다.

비상계엄이라니. 머리가 느릿하게 돌아가며 5·18 광주사태와 전두환 생각이 났다. 그것은 비상계엄령이었고 이것은 비상계엄이라지 않은가. 설마 같은 단어는 아닐 거야. 믿기지 않았던 나는 폰으로 비상계엄 의미를 확인했다. 사전에는 전시나 국가 비상사태 시 선포하는 것이라고 적혀있었다. 태국 시각으로 밤 8시 30분, 비상계엄은 실시간이었고 선포 이유는 명확하지 않았다.

"가짜 뉴스가 아니라고? 저런 미친놈을 봤나."

잠깐 일어나서 TV를 보던 언니는 돌아눕더니 다시 잠을 잤다. 여기서 우리가 뭘 어쩌겠냐며. 일단 잠이나 자고 내일 이야기하자고 했다. 언니와의 거리가 태국과 한국만큼이나 멀게 느껴졌다. 불을 끄고 폰으로 뉴스를 들으며 나 역시 졸며 깨며 시간을 보냈다.

단톡방마다 소란스러웠는데 나무의사협회가 가장 심했다. 누군가 비상계엄을 비판하는 글을 올리자, 이곳은 정치적인 글을 올리는 곳이 아니라는 반박이 올라왔다. 나라가 초비상인데 지금 잠자코 있으라는 말이에요? 사람들은 꿋꿋하게 계엄사령부 포고령과 국회 상황을 실시간으로 공유했다. 이런 글 올리지 말라는데 왜 말을 못 알아들어요? 작작 좀 하세요. 감정을 드러내는 날 것 그대로의 말이 서로를 찔렀다. 같은 업종에서 일했지만, 그간은 정치적 성향을 모르던 사람들이었는데 오늘은 마치 서로를 향해 총이라도 겨누고 있는 것처럼 격하게 으르렁거렸다.

유튜브에서는 국회 앞마당에 내리는 헬리콥터, 담을 넘는 국회의원, 국회 창문을 깨고 침입하는 무장 군인의 모습을 보여주었다. 사진으로 보았던 5·18 광주 그대였다.

『소년이 온다』의 정대가 옥상에서 군인들이 쏘는 총에 맞아 쓰러지는 장면과 어린 동호가 친구의 주검을 찾으러 상무관에 가서 죽은 사람들을 돌보며 양초를 켜는 장면이 떠올랐다. 분명 큰일이 벌어지는데 나는 아무것도 할 수가 없었다. 그때쯤 옆방에 머물던 남편이 가족 카톡방에 글을 올렸다.

"아들들, 아빠가 밖에 있으니 걱정이다. 경거망동하지 말고 차분히 추이를 지켜보자. 제제, 밖의 생활이 특히 걱정이네. 다들 건강하게 있어라." 남편은 두 아들을 걱정하고 있었다.

한국에서 네이버와 카톡이 안 터진다는 말이 돌았다. 언론과 출판을 통제한다는 포고령이 곧 시행될 것이란 소문도 퍼졌다. 글방 친구들은 카톡 대신 텔레그램 채널을 새롭게 만들었다. 언론 통제라니. 이러다 한국으로 돌아가지도 못하고 난민이 되어 국제적 떠돌이 신세가 되는 건 아닌지. 상상만으로도 심장이 요동을 쳤다.

태국은 한국보다 두 시간이 늦다. 태국 시각으로 11시가 지나서 비상계엄이 해제되었다는 소식을 들었다. 벌렁대던 심장이 그제야 조용해졌다. 이렇게 쉽게 끝날 일을 윤은 왜 벌였을까?

다음 날, 미얀마 사람들이 일하는 식당에서 아침을 먹었다. 간밤의 비상계엄이 전 세계로 전해졌으니, 이들도 소식을 알고 있을 터였다.

가을빛 모놀로그 같은

남편은 미얀마 사람들 보기가 어쩐지 낯부끄럽다고 했다. 2021년 미얀마에서 쿠데타가 일어났고, 군부가 이를 강경하게 진압하면서 미얀마는 아직도 내전 중이다. 고국인 미얀마를 떠나 타향살이하고 있는 이들이 혹여나 우리를 보고 "한국도 별것 아니군"이라며 비웃을까, 걱정했다.

그러나 대한민국은 비상계엄을 두 시간 만에 해제시킨 나라가 아닌가. 총을 든 군인을 맨몸으로 막으며 국회를 지켜낸 시민들이 살고 있는 나라였다. 노벨상을 받은 작가 한강은 군중의 도덕성을 결정하는 것은 개인의 도덕적 수준이 아니라 현장에서 발생하는 특정한 윤리적 파동이라고 했다. 이는 우리 시민들의 정의가 군인들의 양심에 불을 붙였다는 의미일 것이다.

그 밤 환갑이 넘은 선배 언니는 수원에 사는 동생 내외와 함께 국회로 달려갔다. 의기투합해서 길을 나섰는데 막상 수방사가 있는 과천을 지날 때는 더럭 겁이 났다. 결국 남태령을 피해서 돌고 돌아 여의도에 도착했다. 사람들이 엄청나게 많았는데도 일렬로 날아오는 헬리콥터 행렬은 그들의 마음을 떨게 했다. 그럴지라도 새벽까지 국회 앞을 떠나지 않았다.

그들이 지켜준 덕분에 우리는 무사히 한국에 돌아왔다. 며칠 후 12월 10일 자 『한겨레』 칼럼 「김현아의 우연한 연결」을 읽게 되었다. 그 밤 국회로 달려간 씩씩하고 날래고 사나운 청년 동지들을 칭찬하는 글이었는데 그 안에 아들 제제의 이름이 있었다. 제제는 그날 가족 카톡에 "넹, 안전하게 잘 있습니당. 엄마 아빠도 건강하게 계세요"라며 댓 글을 달았는데 그게 다 거짓이었나 보다.

"제제, 왜 그날 국회로 간다고 말하지 않았어?"

"아빠가 경거망동하지 말라는 문자까지 보내셨는데 무슨 말을 합니까? 괜히 걱정하시잖아요."

"그래도 엄마한테는 알렸어야지. 혹시 거기 가서 무슨 일이라도 생겼다면 엄마가 널 찾아야 하지 않겠니?"

그날 저녁 제제는 집에서 친구들과 모임을 하던 중이었단다. 한 엄마의 전화를 시작으로 친구들 대부분이 귀가 독촉 전화를 받았다. 그러나 자식은 친구 집에 안전하게 있다며 부모를 안심시켰다. 그리고 옷을 단단히 챙겨입고 국회로 갔다. 서강대교를 걸어서 국회 앞에 도착했을 때는 다행히 비상계엄 해제 요구안이 의결 중이었다. 그들은 그곳에서 양심의 보석이 이마에 들어와 박히는 경험을 했다,

만약 그 밤 제제의 소식을 알았다면 나는 졸며 깨며 그렇게 뉴스를 보지는 못했을 것이다. 아들을 잃을까 불안한 나머지 그곳에 가면 절대 안 된다. 빨리 집으로 돌아가라며 엉뚱하게 떼쓰는 엄마가 되었을지 모른다. 그리고 지금 시대가 어느 때인데 아직도 빨갱이 타령이냐며 윤을 잡아 죽일 듯이 욕했을 것이다. 군대에 자식을 보낸 대한민국의 수많은 국군장병 부모가 그 밤 뜬눈으로 밤을 지새우며 가슴을 졸였던 것처럼.

자식들은 건강한 심장이 고동치는 일을 찾아 거침없이 나아간다. 그러나 걱정하는 부모의 마음을 알기에 쉬쉬하며 자신의 이야기를 다 말하지 않는다. 그리하여 부모는 자식이 어떤 마음으로 살고 있는지 알

지 못한다. 2시간짜리 계엄이 어디 있냐며 아무 일도 일어나지 않아서 괜찮다고 말하는 대통령이 있는 한 이 땅의 부모는 결코 자식의 진심을 들을 수 없다. 어쩌면 우리의 자식 몇몇이 죽었어도 윤은 그것이 정당한 통치행위였다고 말할지 모른다. 설마? 설마가 사람 잡는다.

된장 항아리만 보면 생각나는

김수진
luckyman5998@gmail.com

보고 싶은 우리 엄니.

식사는 하셨어요? 저는 된장찌개를 만들었어요. 엄니가 하시던 대로 된장 세 순가락 가득 퍼서 감자와 애호박에 조물조물 무쳐 놓았다가 진하게 우려낸 육수를 붓고 한소끔 더 끓였어요. 얼크리한 맛 좋아하는 아범을 위해 청양고추도 넣었고요. 말려 둔 표고버섯도 추가했답니다. 이제 야들한 차돌박이 넣고 살짝만 끓이면 끝이에요. 오랜만에 감자를 넣어서 냄비 밥도 지었어요. 뜸이 들었겠다 싶어서 냄비 뚜껑을 열었더니 감자가 쩍 갈라지는 거예요. 포슬포슬하게 잘 익었어요. 된장찌개와 감자밥으로 밥상을 차리니 엄니, 아부지가 금방이라도 "애기야~" 하며 집에 들어설 것 같아요. 엄니 떠난 지 삼 년이 지났는데도 왕왕 과거 어디쯤 머물곤 해요.

처음 어머님 댁에 갔던 날이 생각나요. 아들놈들 특성상 별다른 설명도 없이 직원과 간다고 했다지요. 섭섭하긴 했지만, 사내 연애 중이었으니 틀린 말은 아니었어요.

현관문을 열자마자 구수한 된장 냄새가 덮쳐서 쓰러질 뻔했어요. 남자 친구 집 방문이 신경 쓰여 끼니를 거르고 갔으니 얼마나 배가 고팠겠어요. 미쳐 김이 빠지지 않은 갓 지은 뜨거운 밥에 된장찌개를 얹어서 정신없이 먹었어요. 엄니가 복스럽게 먹는다고 반찬을 제 쪽으로 밀어주셨지요. 저 그때 울컥했잖아요. 장사하느라 바쁜 친정엄마도 냉장고에 항상 밑반찬을 준비해 두셨어요. 그런데도 엄니에게 받은 온기 가득한 밥상은 선물이었어요. 제가 무척 마음에 들었나보다 생각하며 입꼬리를 씰룩씰룩했었는데 결혼하고 알았지요. 엄니는 내 집에 온 누구든 따뜻한 밥 한 끼는 먹여야 한다는 신념이 있으셨던 분이었어요.

결혼 후 저도 자연스럽게 엄니가 만든 음식을 따라 했어요. 영월이 고향인 엄니의 산나물 반찬이 얼마나 입에 달던지요. 그중 된장 음식들은 일품이었어요. 엄니가 신줏단지 모시듯 정성을 다하는 항아리를 보니 아부지가 된장찌개를 으뜸이라 하는 이유를 알겠더라고요.

엄니는 항아리가 숨을 쉬어야 한다며 매일 먼지를 닦았어요. 볕 좋은 날에는 뚜껑을 열어 하늘의 기운을 담기도 했지요. 또, 벌레가 들어가면 못 쓴다며 항아리 입구에 면 보를 덮고, 덮개 한가운데 소금 한 줌을 올려두기도 하셨잖아요. 왜 그렇게까지 된장 항아리에 신경을 쓰는지 제가 물었지요. 엄니의 어머니가 강원도 산골에 살 때 6.25 전쟁이 났는데 난리 통에도 된장 항아리를 지켜 자식들의 곯은 배를 채웠다고 하셨어요. 전쟁 낭시 열다섯 살이던 엄니가 뒤뜰 구석에 파놓은 작은 구멍에 몸을 숨기고 피비린내 가득한 밤을 눈물로 버렸을 때도, 감자 한 알과 된장 한 숟가락으로 까무룩 잠들었고, 그 덕분에 아침을 맞을 수 있었다는 이야기는 아직도 믿기지 않아요.

 엄니도 겨울이면 된장 만들 준비를 했지요. 바람이 잘 통하는 작은 방에 매달아 놓은 메주 냄새가 퀴퀴해서 처음 몇 년은 메주 말릴 때 엄니 집 가는 것도 겁나더라고요. 그때 된장 만드는 방법을 잘 배워 둘걸, 한참이 지난 후에야 후회했어요. 어리석게도 엄니의 된장은 언제든 얻을 수 있는 화수분이라고 착각하고 살았네요.

 엄니 가까이 살며 어깨너머로 배운 음식들이 제법 제 솜씨로 익어갈 무렵, 이민을 결정했어요. 엄니는 모르실 거예요. 제가 얼마나 가기 싫어했다고요. 아범이 정말 미웠어요.

 오자마자 둘째를 낳고, 이곳 생활에 적응하느라 쉽지 않았지만, 타국에서 건강만큼은 잃지 말자는 생각에 가족들의 먹거리에 정성을 다했어요. 그런데 고작 네 살이던 둘째가 갑자기 쓰러졌어요. 자식이 난치병에 걸린다는 것도, 가족력 없이 뇌에 그런 병이 생길 수 있다는 것도 상상해 본 적 없는 남의 일이었어요.

 일주일간의 병원 생활 끝에 받은 것은, 난치성 간질이란 병명과 6개월 시한부 판정이었어요. 퇴원하면서 여러 가지 복용 약에 대한 부작용 설명을 들었는데 약의 특성상 백 퍼센트 식욕 부진과 그로 인한 성장 지연은 피할 수 없다고 하더라고요. 하지만 그런 것은 문제도 되지

앉았어요. 6개월이 아니라 6년 아니 60년 이상은 살려야 했어요. 엄마
니까요.

　퇴원 후 엄니와 매일 통화하면서 제가 괜찮다고 했지만, 사실 그렇
지 않았어요. 아이 상태가 더 나빠졌거든요. 수시로 호흡이 멎으며 쓰
러지는 둘째에게 해줄 수 있는 것이 없었어요. 그렇게 좋아했던 요거
트와 아이스크림도 거부하는 아이를 보며 주저앉아 울고 싶었지만, 슬
퍼할 겨를조차 없었지요. 아이 입맛에 맞는 걸 찾아야 하니 부지런히
먹거리를 만들었어요. 또래 아이들의 입맛을 사로잡을 만한 것들로 식
탁을 채웠지만, 버려지는 게 태반이었어요. 그러다가 어느 날 황태 육
수를 진하게 내어 감자와 호박을 잘게 다지고, 순두부도 넣어 된장국
을 끓였어요. 아이가 한 숟가락이라도 먹기를 바라는 염원을 담아 엄
니처럼 기도하는 마음으로 밥도 안쳤답니다.
　쓰나미가 몰아치듯 발작으로 한바탕 사투를 벌이고 기운 없이 늘어
져 있는 녀석을 일으켜서 제 다리 사이에 앉히고 별 기대 없이 한 숟가
락 떠먹였어요.
　엄니 기억나지요? 수인이가 된장국 먹었다고 자랑했잖아요. 새끼
새처럼 어찌나 오물오물 잘 받아먹던지요. 먹는 동안에는 컨디션도 좋
았어요. 열흘 만에 밥 한 그릇 다 비우고 고요하게 낮잠 자는 아이의
얼굴에서 희망이 보였어요. 그 뒤로도 아이는 신기하게 된장 음식만
찾았어요. 몇 년이 지난 된장이었는데 딱딱해지지도, 짜지지도 않고
색깔까지 그대로였어요. 엄니의 된장이 둘째를 살리고 있었어요.

삼시 세끼 된장을 먹다 보니 된장 통이 금세 바닥을 드러냈어요. 첨가물이 많이 든 시중 된장을 사 먹이기는 싫어서 엄니처럼 된장을 만들어야겠다고 결심했지요. 메주 판매처를 수소문해서 찾았고 항아리도 구했어요.

메주를 매달아 말리니 집안에 퀴퀴한 냄새가 퍼지는 거예요. 엄니 생각이 나서 그런지 정겹기까지 하더라고요. 인터넷으로 된장 만드는 법을 검색해 놓고, 엄니에게 받은 레시피까지 꼼꼼히 적어뒀는데도 어찌나 헷갈리던지요. 소금물의 농도를 맞추는 것이 첫 번째 난관이었어요. 소금물에 계란을 넣어서 동전 크기만큼 떠오르면 염도가 맞는 것이라는데 소금을 계속 넣어도 같은 상태로 떠 있어서 난감하더라고요. 얼마나 맛을 봤던지 혀가 절인 배춧잎처럼 늘어질 지경이 되었어요.

항아리에 차곡차곡 메주를 담고 소금물을 부었어요. 숯을 구할 수 없어서 마른 고추와 대추를 띄우고 50일 후 장을 갈랐어요. 예년보다 날이 따뜻해서 간장을 많이 빼진 못했지만, 건져낸 메주에 간장을 넣어가며 치대고 또 치댔어요. 그렇게 저의 첫 된장이 만들어졌어요. 세상에나! 성공이었어요. 그날 엄니한테 사진 보내고, 일기까지 썼어요. 꽤 근사한 엄마가 된 것 같아 뿌듯하더라고요.

"우리 애기 대단하다." 엄니가 기뻐해 주셔서 더 우쭐했어요.

그 된장으로 조림을 하고, 나물을 무치고 국을 끓였어요. 엄니가 그랬던 것처럼 내 가족과 내 집에 온 누구든 따뜻한 밥 한 끼 먹이려고 기쁘게 밥을 짓고 있어요. 이역만리 타국에서 아이가 기적적으로 완치

된 것은 나의 노력만으로 된 것이 아님을 알았어요. 항아리 위에 정화수를 떠 놓고 가족들의 건강과 무사 귀환을 기도하는 엄니의 마음이 베푸는 밥 한 그릇에도 온전히 담긴다는 의미를 조금씩 알겠더라고요.

지난 몇 년 사이에 둘째가 부쩍 자랐어요. 아직도 엄지손가락을 꼽는 음식이 된장찌개인 아이는 어느덧 제 키를 넘었고요. 어렸을 적에 오랫동안 치료받았던 테라피 센터에서 아이들 돌보는 봉사를 하고 있어요. 귀하게 받은 사랑 감사히 나누고 있답니다. 기특하죠? 엄니한테 꼭 자랑하고 싶었어요.

오랜만에 하늘에 꽉 차 있던 회색 구름이 걷혔어요. 캘리포니아도 이상 기후로 흐린 날이 많아졌거든요. 처마 밑 그늘진 곳에 둔 항아리를 볕에 내놔야겠어요.

남아 있던 구름을 산들바람이 밀어내고 있어요. 계절이 바뀌려나 봐요. 태양이 숨었다 나오기를 반복하는데도 뒷마당이 햇발로 물들었어요. 볕이 제일 잘 드는 곳으로 항아리를 옮겼어요. 그리고 쪼그리고 앉아서 면 보로 항아리를 반질반질하게 닦고 뚜껑을 열어봤어요. 구수한 냄새가 아지랑이처럼 피어올라요. 하늘까지 닿을 것 같아 고개를 들었더니 구름 사이 저편 어디쯤 엄니가 보이는 듯해요. 엄니도 그곳에서 된장 항아리 닦고 계시는 거지요?

오늘도 어제처럼 엄니가 생각났어요. 올해 기일에는 엄니가 좋아하던 음식들 차려놓고 엄니를 초대해야겠어요. 오실 거지요? 교회 다니는 형님한텐 비밀이에요. 또 편지할게요.

여전히 엄니가 그리운 막내며느리 올림

황태 육수 끓는 밤

김수진

바르르 바르르 바르르.

육수가 팔팔 끓는다. 냄비 속의 기포들이 부딪치며 경쾌한 소리를 낸다. 냄비 뚜껑이 흔들리며 쏴쏴 김을 뿜으면 육수 냄새가 집 안에 스며들기 시작한다. 구수한 황태 냄새에 절로 힘이 난다. 요즈음은 온수를 부어 티Tea처럼 마실 수 있는 어묵 국물 티백이 나왔다는데, 뜨거운 물만 넣으면 되는 황태 육수 티백도 출시되면 얼마나 좋을까. 수십 번 상상했다. 이제는 좋아하는 빵을 먹어도 뜨끈한 국물로 속을 채워야 편안하고, 밥을 먹어야 커피 한잔이 생각나는 영락없는 아줌마가 되었다.

1990년도 초, 나는 어엿한 직장인이었다. 우리 회사 앞에 빵집이 있었는데, 그곳은 제과점이 아닌 베이커리라는 간판이 붙어 있었다. 베이커리라는 이름만으로도 설렘을 느끼던 20대의 나는 마치 의식을 치르듯 매일 아침 그곳에 들렀다. 일곱 시 전에 나오는 갓 구운 빵을 사려고 일찍 출근하는 수고로움도 마다하지 않았다. 베이커리의 버터 향이 온몸에 배었으면 좋겠다고 생각했다.

그 시절에는 아버지들이 집 안에서 자연스럽게 담배를 피웠고, 외식 문화가 보편화되지 않아 대부분은 끼니마다 엄마들이 직접 음식을 만들었다. 또한 환기의 중요성을 잘 몰랐던 때라, 집마다 특유의 묵은내가 배어 있었다. 우리 집은 엄마가 장아찌 간장을 자주 끓여서인지 쿰쿰한 짠 내가 났는데 그 촌스러운 냄새가 썩 마음에 들지 않았다. 아마 환골탈태하고 싶은 마음으로 아침마다 빵집에 들렀던 것 같다. 세련된 버터 향이 좋았고 빵만 먹고 살면 얼마나 좋을까 싶었다.

사내 커플이었던 나는 결혼과 함께 자연스럽게 퇴사했고, 곧바로 제빵 학원에 등록했다. 몇 년 후 이민을 결정하면서 크게 걱정하지 않은 이유 중 하나도 영화에서처럼 아침마다 빵을 구우며 그림같이 살 수 있는 것이라는 다소 가벼운 상상 때문이었다.

미국 생활이 시작되었지만, 예상과는 달리 버터 향은 금세 물렸다. 만삭이던 나는 마늘장아찌가 간절했다. 하나만 입안에 넣으면 느끼함이 가실 것 같았다. 아쉬운 놈이 우물을 판다고, 마늘에 부을 간장을 달였는데, 냄새가 어찌나 고약했던지 아파트 매니저가 코를 틀어막고 집에 찾아왔다. 하마터면 비자 체류 기간 잉크가 마르기도 전에 쫓겨날 뻔했다. 그리고 어느 날 퇴근하던 남편이 골목 끝에서부터 꼬릿한 냄새가 났다며 그 냄새의 출처를 따라 걸어왔더니 집이었다고 했다. "우리 집 청국장이었어." 하는 그의 말에 같이 웃었던 적도 있다. 어느

새 나도 우리네 엄마들처럼 손이 많이 가는 한식으로 밥상을 차리고 있었다. 빵은 여전히 좋아했지만, 밥이 되지는 못했다.

어머니 역시 한평생 남편과 자식을 위해 삼시 세끼를 만들었고 식구들 입에 밥이 들어가는 것만 봐도 배부르다 했다. 그래서 누구 할 것 없이 잘 먹어주는걸 효도라 생각했고, 먹고 싶은 음식이 있으면 스스럼없이 말했다. 입이 짧은 어머니는 본인 입에 들어가는 것은 새 모이만큼이면서 음식은 한 상 그득하게 만들었다. 어쩌다 한번 외식해도 음식 솜씨가 일품인 어머니 입에 맞을 리 없었고, 그저 당신이 만든 음식만 먹어야 한다고 여겼다.

이민 오기 전까지 같은 아파트단지에 살던 우리 부부는 저녁마다 본가에 가서 대부분은 어머니가 만들어준 야식을 먹었다. 그러다 어느 날은 피자를 한 번 시켜봤다. 늘 집밥이 최고라 하던 어머니라, 당연히 마다할 줄 알았는데 의외로 입맛에 딱 맞는다고 했다. 늦었지만 어머니에게 새로운 즐거움을 찾아 준 것 같아 뿌듯했다.

그 후로도 본가 가스레인지 뚝배기에는 늘 가족을 위한 국물이 끓고 있었다. 그래도 우린 못 본 척 피자를 주문했고, 어머니는 못 이기는 척 피자를 먹었다. 나는 피자를 먹으면서 어머니의 음식을 배웠다.

네 살이었던 작은 아이가 병마와 사투를 벌일 때, 엄마로서 할 수 있는 것이라고는 아이에게 영양가 있는 밥 한술을 먹이는 것이었다. 기운을 차리지 못하는 녀석에게 한 숟가락의 기적이 일어나기를 기도하며 고기 육수, 멸치 육수, 해물 육수, 채소 육수 등을 만들었다. 비위가 약한 나를 닮아 딸아이도 가리는 게 많아서 녀석의 입맛에 맞는 음식을 찾기가 어려웠다. 며칠째 음식을 거부하고 약기운에 늘어져 있던 아이를 보며 가슴에 서리가 맺혔는데 순간 어머니의 따끈한 북엇국이 떠올랐다.

신혼 초, 시아버님 생신을 내 손으로 차려보겠다고 호기롭게 큰소리치며 미역국을 끓이고 반찬 몇 개를 만들었다. 하지만 그 쉬운 미역국도 맛이 제대로 나지 않았다. 결국, 어머님에게 도움을 청해야 해서 큰 국 통을 들고 옆 동 본가로 가다가 허리를 삐끗하고 말았다. 그날부터 일주일 넘게 병원 치료를 받으며 어머님에게 삼시 세끼를 얻어먹는 민망한 신세가 되었다. 앉기도 서기도 힘들었던 그때, 어머님이 끓여준 북엇국 한 숟가락을 입에 넣었는데 뽀얀 국물이 목구멍을 타고 내려가며 척추까지 후끈하게 덥혀주었다. 어머님의 정성이 고스란히 전해졌다.

기억을 더듬어 보니, 북어를 방망이로 두들겨 몸통 부분은 찢어서 건더기로 사용했고, 대가리는 잘라서 육수를 냈던 것 같았다. 곧바로 어머님께 전화했더니 북어가 아니고 황태라 했다.

황태는 명태의 여러 가지 이름 중 하나로, 강원도 대관령의 특산물이다. 겨울철 내내 얼리고 녹이는 과정을 반복하면서 특유의 쫄깃한 식감과 깊은 맛을 얻게 된다. 코다리는 명태를 완전히 말리지 않고 수분을 남긴 상태를 말하며, 동태는 잡아서 바로 냉동한 것이고 생태는 갓 잡은 명태로 가공 과정을 거치지 않은 것이다. 노가리는 어린 명태를 말린 것으로, 크기가 작고 얇다. 시중에서 제일 구하기 쉬운 북어는 명태를 자연 건조한 상태인 것이다.

　한국 식재료를 파는 상점으로 달려갔다. 통황태는 팔지 않고 부위별로만 판다고 했다. 황태 대가리는 구매하는 사람이 많지 않아서 그런지 할인도 했다.
　옛날처럼 방망이로 두들겨서 부드럽게 만들 필요도 없으니 황태 육수 내는 것은 일도 아니었다. 무와 황태 대가리를 넣고 팔팔 끓였다. 황태는 센불로 하면 비린내가 나니 중불로 끓이다가 약불로 줄여 뭉근히 오래 끓여야 한다는 어머니의 팁도 기억했다.
　그렇게 우려낸 육수로 된장국을 만들었고 딸아이는 열흘 만에 밥 한 그릇을 다 먹었다. 그날부터 우리 집은 사시사철 황태 육수가 끓기 시작했다. 이것저것 다른 국물을 내봐도 그만한 게 없었다. 국은 물론이거니와 김치를 만들거나 나물을 만들 때도 기초가 되었다. 나는 그 비법을 자신 있게 사람들에게 권하기도 했다.
　한국처럼 바닥 난방이 되지 않는 미국의 으슬으슬한 집에서 겨울밤에 육수를 끓이면 난방 효과에 습도 조절까지 일 석 이조의 효과를 낸다. 또한, 황태는 양기陽氣를 보충하고 피로를 해소하는 데 유용하여 기력 충전과 체력 증진에 도움이 되는 식품이다. 한의학에서는 황태와 같은 건조식품을 약용으로 활용했다. 특히 체온을 높이고 체내의 냉증을 없애는 데 탁월하다고 『동의보감』에 전한다.
　11년 전, 일곱 살이던 작은 아이가 시내에 있는 한식당에 들어서면서 말했다.

"엄마! 여긴 우리 집 냄새랑 똑같아."

무슨 말을 하는가 싶어 주위를 둘러보니, 벽에 걸린 메뉴판에 황탯국이라는 글자가 눈에 확 들어왔다. 아이는 익숙했던 육수 냄새를 맡은 것이다.

캘리포니아의 겨울은 한국 늦가을 정도의 추위지만 해가 갈수록 체감 온도는 낮아지는 것 같다. 살아낸 세월만큼 가슴에 켜켜이 빙벽이 쌓였다. 무엇보다 견디기 힘든 것은 그리움인 듯싶다. 낮에 먹던 피자 조각을 보니 어머님과의 추억이 일렁인다. 냄비 속 황태 육수도 진하게 우러났다.

겨우내 두껍게 얼었던 논두렁의 얼음이 때 이른 봄기운에 슬그머니 갈라지는 것처럼, 고드름 냄새를 달고 다니던 콧잔등에 푸른 흙내가 올라오는 것처럼, 집 구석구석 퍼진 육수 냄새는 얼어붙은 시간을 녹여내는 중이다. 하얗게 김이 서린 창문을 손가락으로 문질러 눈을 바짝 대 본다. 밖은 까만 겨울이 한참이지만, 팔팔 끓는 우리 집 냄새는 봄으로 향하고 있다.

홍 도깨비

김혜정
hjkim0918@hanmail.net

　공터의 벽에 얼굴이 그려진 종이가 방문榜文으로 붙어 있었다. 병정들에게 보내야 하는 군용 물품을 빼돌리는 부조리한 상관을 수챗구멍에 처박은 후 탈영병 신세가 되었고, 월급을 일곱 달 치나 미루고 주지 않는 제지소 세 형제를 죽여 살인자가 되었기 때문이다.

　피신하여 머물게 된 금강산 산사에서 만난 단양 이씨와 결혼하기 위해 북청으로 가던 중 왜적 순사 보조원 두 명을 만났다. 한 녀석이 이씨를 숲속으로 끌고 가려 하자 악당의 머리를 내리쳤다. 그길로 이씨와 헤어지고 산중 생활을 하던 중 명성 황후의 살해와 단발령 소식을 들었다. 충격적인 소식에 가슴은 분노로 와들와들 떨렸고, 불끈 쥔 두 주먹에는 핏줄이 솟았다.

　왜놈 병정 200여 명이 산악 행군 중 가지고 있는 소총을 보고 마구 빼앗고 싶은 마음이 들었으나 혼자서는 어려워 포기하였다. 그 후 10여 명이 줄지어 가는 놈들의 소총을 갈취하였다. 첫 번째 왜놈 사냥에서 승리한 후 처음으로 의병을 모집하였다. 민중의 고혈을 빨고 왜적의 앞잡이로 악명 높은 자를 찾아가 뇌물로 받은 현금을 빼앗아 의병을 위한 군자금으로 사용했다.

육성으로 직접 들려주는 독립군 장군 일대기『나는 홍범도다』앞부분을 읽으며, 구약성서 사사기에 나오는 이스라엘의 영웅 삼손이 생각났다. 그는 여호와의 명령을 받은 사사로 민족을 이끌었다. 초인적인 괴력으로 사자를 염소 새끼 찢듯이 하였고 상상을 초월하는 싸움 실력을 갖췄다. 블레셋의 핍박을 받던 이스라엘 사람들을 구하려고 많은 사람을 죽인다.

삼손은 블레셋 여인 들릴라와 사랑에 빠진 후, 힘의 근원을 알려달라는 끈질긴 꾐에 빠져 머리카락을 잘리고 힘을 잃어 노예가 되었다. 노예 생활을 하는 동안 머리카락은 자랐다. 그는 조롱과 구경거리로 전락한 자신을 돌아보며 다곤 신전 기둥에 묶여 있었다. 신에게 마지막으로 힘을 달라고 기도한 후 기둥을 무너뜨렸다. 그곳에 모인 군중은 모두 죽었다. 그날 죽은 사람의 수가 살아서 죽인 수보다 훨씬 많았다.

홍범도는 삼손 같은 체격과 힘으로 정의롭지 못한 매국노 역적들을 제거하고 왜적을 무찌르는 신출귀몰神出鬼沒한 도깨비 같았다.

의병은 한국사에서 정의를 위해 자발적으로 조직된 민병이다. 사적으로 조직하여 정부군을 돕거나 향토방위에 힘쓰는 군대를 뜻하는 말이다. 창의군倡義軍으로 불리기도 하였다. 한국의 역사에는 임진왜란, 병자호란과 같은 외적의 침략에 맞서 자발적으로 민간 무장 조직이 구성되었고, 대한제국 시기의 의병 역시 이러한 흐름과 상통하는 것으로 이들은 변변한 무기도 갖추지 못하였으나 일본 제국주의에 맞서 싸웠다.

- 출처: 위키백과

 의병은 사적 조직임으로 모집, 의복, 식사, 총기류 구매 등 모든 것을 자체적으로 조달했다. 수준 있는 군사 훈련을 받지도 못했고, 총탄도, 제대로 갖춘 군복도, 튼튼한 신발조차 없었다. 정처 없이 헤매는 비렁뱅이처럼 고생했다. 의적처럼 탐관오리의 집에서 강제로 빼앗은 돈이나 전투에서 승리하여 얻은 전리품 등으로 조직을 운영하였다.

 홍장군은 군자금을 모으기 위해 막노동판에 들어가 부댓자루를 메기도 하고 금광의 광부로 2년 동안 땀을 흘렸다. 어떻게든 돈을 모아야 했던 그는 약담배(아편)를 심어 거래하기도 했다. 머슴살이, 구리광산의 광부, 미곡상에서 노동일도 했다. 사슴을 잡아 시장에 내다 파는 산포수 일은 가장 자신 있게 해낼 수 있는 일이었다.

 산포수들과 의기투합하여 의병대로 활약했지만, 왜적과의 싸움에서 사상자가 많아지자 뿔뿔이 흩어지고 홍범도와 아들만 남게 되었다. 의병의 약점이 이것이었다. 강제하는 것이 없으니, 집으로 가겠다고 하면 어쩔 수 없었다. 기가 막히도록 무너지는 그의 마음이 이해되었다.

 부자父子는 일본군 시체가 있는 곳에서 수천 발의 탄띠를 노획하여 다른 의병들이 있는 곳으로 갔다. 탄환을 전체 대원 한 사람당 똑같이 분배해 주자, 감동으로 눈물을 글썽였다. 일본군과의 전투에서 총기류뿐 아니라 군량미 세 가마를 획득하여 밥을 해 먹고, 나머지는 똑같이 나누어 배낭 속에 넣어 주었다. 나라를 위하여 목숨 걸고 싸우는 애국심으로 모인 의병들이지만, 노획물을 공평하게 분배해 주는, 재물 따위를 탐하지 않는 대장의 지도력에 더욱 충성심을 갖게 되었으리라.

몇 년 전 겨울, 중국 대련을 여행했다. 안중근 의사가 투옥되었던 뤼순 감옥을 갔는데 겨울 추위가 얼마나 심했던지 한낮에도 코를 훌쩍이면 쩍쩍 달라붙었다. 핸드폰도 추위를 견디지 못해 작동되지 않아 사진 찍는 데 시간이 걸렸다. 어릴 때는 세수하고 젖은 손으로 문고리를 만지면 손이 달라붙었던 추운 겨울을 지낸 적도 있다. 만주 벌판에서 제대로 입지도 먹지도 못하고 맹추위를 견뎌 냈을 의병들을 생각하니 대련 여행에서 겪은 추위와 어릴 때 경험한 추위가 생각났다. 무엇보다 정식 군대가 아니기에 의병에 참여한 사람들의 명단, 특히 왜군과 싸우다 전사한 이들에 대한 명단이 제대로 기록이 되었는지, 국가에서는 보상하였는지, 의병에 대해 관리는 되고 있는지 의문이 들었다.

봉오동 전투가 격렬하게 벌어지던 날, 갑자기 봉오골에 세찬 소나기가 내렸다. 없던 안개가 자욱이 끼어 앞이 잘 보이지 않았던 저녁 날씨는 하늘의 도우심이었다. 왜적들은 불안에 휩싸여 자기들끼리 총질을 퍼부었고, 그 결과 오히려 더 많은 사상자를 냈다. 가슴이 시원하게 뚫리는 통쾌한 승리였다. 유명한 청산리 전투에서 맹활약하였고, 김좌진 장군 부대를 구출하였는데도 도망가기 바빴다는 사실 왜곡은 마음을 안타깝게 했다. 하지만 역사는 진실만을 전할 것이다.

반목과 분열로 갈라지는 독립군, 자유시에 자유가 사라지는 참혹한 참사를 경험하며 정의로운 일로 모인 이들도 자기 욕심 때문에 갈라선다는 것을 알게 되었다. 강제 이주 열차에 몸을 실어 중앙아시아의 모래벌판에 버려져 인간 청소를 당했던 고려인들과 함께 이 모든 것을 겪으며 나라 잃은 힘없는 사람들은 힘 가진 자에 의해 처분된다는 것도 깨달았다.

척박한 모래땅에서도 죽지 않고 살아 견디는 삭사울 나무처럼 추위와 배고픔, 고된 시련을 잘 견뎌준 이들에게 그 아픔을 다 알 수는 없지만 같은 민족의 후손으로서 경의를 표하며 박수를 보낸다.

홍 장군은 칠십이 된 노년에도 연해주에 있던 고려극장의 경비로 일했고, 삶을 마칠 때까지 동포들의 방앗간에서 일을 도왔다. 장군이 별세하였을 때 방앗간 청년들은 지역의 고려인 신문에 부고를 냈다. 부고 소식 뒤에 '크즐오르다 정미 일꾼 일동'이라 적은 것은 동지들이 일상의 삶으로 귀환한 듯하여 무척 아름답고 정답게 느껴졌다. 아무리 작은 일이라도 자신이 목숨을 바쳐 지켜 온 독립전쟁처럼 임한다는 인식이 있었기에 가능했다.

만약 홍범도 장군과 만날 기회가 주어진다면, 고기가 듬뿍 들어간 뜨거운 곰탕을 대접하고 싶다. 추위와 배고픔의 의병 시절이 너무 마음 아리게 느껴지기 때문이다. 그리고 불의한 일에 어떻게 용기를 낼 수 있었는지, 아내와 자식 둘을 왜적에게 잃고도 마음의 동요 없이 의

병 생활과 독립운동에 매진한 한결같은 나라 사랑의 원천은 어디에서 온 것인지 물어볼 것이다.

　이 시대에 나라를 위해 의병을 모집한다면 모일 사람이 있을까. 나는 따라나설 용기가 있을까. 오직 나라만을 생각하는 방법은 무엇일까. 여러 가지 생각 끝에, 나 혼자는 못 하지만 우리는 할 수 있다는 생각에 이르렀다. 촛불 집회, 응원봉 집회가 그것이며, 자발적 기부로 커피와 오뎅, 김밥을 제공해 준 손길들이 그것이다. 이 모든 것은 나라를 진정으로 사랑하는 마음에서 나온 행동들이다. 그때와 지금, 방법은 다르지만 나름대로 애국을 실천하고 있다. 홍 도깨비가 고개를 끄덕이며 웃고 있다.

삼색 북해도

김혜정

조잔케이 온천 마을에서 저녁과 아침으로 온천욕을 즐기고 출발하는 아침은 상쾌했다. 팜도미타를 향해 달리는 버스 밖 풍경은 우리나라 남도 지방 김해평야와 비슷한 모습이었다. 그리 높지 않은 산이 멀리 보이고, 벼를 심어 놓은 논들이 푸른 목장을 이루고 있었다. 여름 더위를 피해, 겨울이면 하얀 눈으로 덮이는 섬 일본 홋카이도로 여행을 다녀왔다. 동계 올림픽이 열렸던 곳으로도 기억되는 이곳은 북해도로 불리기도 한다.

홋카이도는 일본 열도의 가장 북쪽에 있는 섬으로, 도청 소재지인 삿포로가 러시아 블라디보스토크와 같은 위도에 있다. 이곳에는 원래 아이누족이 살았다. 그러나 메이지 정부의 정책으로 인해 19세기 후반 일본인(혼슈 사람들)이 원래 살고 있던 아이누족들을 밀어내고 전국에서 이주해 왔다. 2020년 당시 인구는 오백이십만 명이며, 면적은 남한의 80%에 해당한다. 아이누족은 거의 남아 있지 않고 대부분 일본인과의 혼혈로 남아 있으며 아이누 문화는 일부 지역에서 관광 자원화되었다.

오감을 자극하는 보랏빛 향연의 팜도미타를 간다는 것에 마음이 설렜다. 동네 자전거길 옆 맥문동꽃이 피었을 때도 가슴이 뛰었으니. 보라색 원피스, 겨울 파카, 주름 블라우스를 즐겨 입고 보라색 찰옥수수까지 좋아하는 내가, 드넓은 들판을 가득 채운 라벤더를 마주한다면 그 우아함과 신비로움이 환상적일 것이라 기대했기 때문이다.

라벤더는 7월 중순에서 8월 초순까지 볼 수 있다. 그곳을 찾은 날이 8월 8일이었는데, 지구 온난화로 이미 시들어 있었다. 마치 터진 풍선처럼 실망스러웠다. 그러나 시든 라벤더 옆을 지나니 달콤한 향기가 코끝을 간지럽혔다. 작게 만들어 놓은 온실에서 라벤더를 볼 수 있기에 그나마 다행이었다. 그 꽃을 대신하여 청 샐비어와 안젤로니아가 여왕처럼 빛나며 우아하게 피어 있어 나의 시선과 마음을 사로잡았다. 줄지어 피어 있는 '깨꽃'이라 적혀있던 샐비어, 마리골드, 각종 색깔의 맨드라미, 베고니아 등으로 이루어진 무지개 꽃동산은 옥색 하늘의 하얀 뭉게구름과 어우러져 더 멋들어졌다.

총면적 3만 평, 열두 개의 꽃밭으로 구성된 이곳은 1958년부터 재배를 시작하였고, 주변 농장에 라벤더 유행을 불러일으켰다. 그러나 유행은 오래가지 않는 법. 주변 농장이 재배를 멈춘 이후에도 팜도미타만은 계속 재배를 이어 갔다. 1970년 중반, JR홋카이도에서 제작·배포한 달력에 팜도미타의 아름다운 라벤더 사진이 특별 이미지로 선정

되면서 유명한 관광지가 되었다.

내 나이만큼 오래된 농장에서 라벤더 아이스크림을 먹으니 그 향기와 빛깔이 식도를 타고 넘어가 온몸으로 퍼졌다. 나도 모르게 강수지의 「보랏빛 향기」를 흥얼거렸다. "그대 모습은 보랏빛처럼 살며시 다가왔지. 예쁜 두 눈엔 향기가 어려 잊을 수가 없었네."

팜도미타에서 버스로 삼십 분을 달려가니 에메랄드빛 비경, 청의 호수가 있었다. 파란 아이스크림을 사 먹기 위해 줄을 서 있는 곳을 지나 사람들이 많이 모인 곳에 들어서니, 터키석과 에메랄드빛의 물색, 죽은 듯한 나무들, 호수에 비친 하늘이 어우러져 감탄사가 절로 나왔다. 호숫가에 자작나무 숲길이 있어 사람들에 밀려 앞으로 걸어야 했지만, 호수에서 시선을 뗄 수가 없었다.

청의 호수는 비에이 강 근처 다이세쓰산 국립공원의 활화산 도카치산에서 흘러내리는 진흙으로 인한 피해를 막기 위해 1988년 사방 관리 체계의 하나로 조성된 곳이다. 물에 자연적인 수산화알루미늄 등 천연 미네랄 성분이 함유되어 있어 밝은 푸른빛을 띤다고 한다. 죽었지만 꼿꼿한 자세로 서 있는 물속의 나무는 낙엽송과 자작나무이다.

자연재해나 노후로 인해 쏟아지는 진흙을 예방하기 위해 의도하여 만든 곳이지만, 자연과 어우러져 살아 있는 듯한 풍경을 연출하여 많은 이들에게 감동과 청량감을 선사하고 있다. 사람도 마그네슘, 칼슘, 아연, 칼륨 등 미네랄을 섭취하는데, 이런 것이 아름다운 성품의 색을 낼 수 있다면 얼마나 좋을까. 텔레그램이나 딥페이크 등으로 사람의 마음을 아프게 하는 이들을 이곳에 푹 담갔다 꺼내면 아름다운 마음으로 변화되어 세상을 청량하게 만들 수 있지 않을까. 그런 생각을 하며 호수를 바라보니 소금쟁이들만이 동그라미를 그리며 한가로이 놀고 있었다.

청의 호수에서 버스로 십 분 거리인, 멀지 않은 곳에 흰 수염 폭포가 있었다. 비에이 강 시로가네 온천에 위치한 이 폭포는 계곡 절벽 바위 틈새에서 가늘게 물이 흘러내리는 모습이 마치 하얀 수염을 닮았다고 하여 붙여진 이름이다. 폭포까지 갈 수는 없었고, 비에이 강 위에 놓인 다리에서 내려다보았다. 폭포 바로 위에는 시로가네 온천이 있고, 아래 개울은 청의 호수에서 흘러오는 물로 미네랄이 섞여 맑은 푸른 빛을 띠었다. 폭포 길이는 30m, 폭은 약 40m이다. 떨어지는 물을 자세히 보니 산 위쪽에서 한 줄기로 떨어지는 폭포가 아니라 암벽의 갈라진 틈 사이 여러 곳에서 온천수가 흘러내려 마치 수염처럼 퍼져 보였다. 한겨울에도 얼지 않고 흘러 수증기가 나뭇가지에 얼어붙는 수빙 현상이 생기면 더욱 멋진 풍경을 연출한다고 한다.

요즘 할아버지의 흰 수염을 잡아당기는 손자의 모습을 보기 어려운 세상이니, 나는 이 폭포를 산신령의 흰 수염이라 생각해 보았다. 금도끼 은도끼를 마다한 착한 나무꾼처럼, 이곳을 찾은 사람들이 정직하고 욕심 없는 사람이 되기를 바라며 하염없이 폭포를 바라보았다.

둘째 날 여행에서는 북해도의 자연을 맘껏 볼 수 있어 마음이 푸근해졌다. 은하 폭포, 유성 폭포도 보고, 매혹적인 계곡에 둘러싸여 있는 쇼운쿄로 향했다. 산이 높으면 골도 깊다는 말처럼 흐르는 계곡물 소리가 시원하게 들렸다. 물은 크고 작은 돌에 부딪힐 때 소리가 난다. 우리 일상에 크고 작은 부딪침이 삶을 아름답게 하는 것이리라.

시골길 도로에 붉은색 화살표가 땅을 향하고 있다. 눈 덮인 도로를 달릴 때 이곳이 길이라는 것을 안내하는 표라고 한다. 하얀 겨울, 눈길에도 안전 운전이 보장된 북해도로 오라는 손짓인가.

퐁키와 까미

윤태봉
image-ytb@hanmail.net

"어머! 어머!"

현관문이 열리자 갑자기 주먹만 한 털실 뭉치 하나가 데굴데굴 굴러왔다. 아니 굴러오는 것 같았다는 표현이 맞겠다. 통통 튀는 까맣고 희끗희끗 복슬복슬한 덩어리와의 갑작스러운 맞닥뜨림이었다. 학학 가쁜 숨소리와 함께 저를 보는 시선들을 향해 맹렬하게 꼬리를 흔들며 튀어 오르는, 미칠 듯한 표현의 마중이었다. 몇 시간을 혼자라서 너무 외로웠다고 허연 배를 발랑 드러냈다가 까만 등을 발딱 곧추세웠다가를 반복하며 정신 쏙 빠지게 반기는 녀석. 번갈아 안아 올려 등을 쓰다듬어 주는 얼굴들을 무차별하게 타액 범벅으로 핥아댔다. 봇물 터지듯 걷잡을 수 없는 흥분을 가라앉히지 못해 몇 분을 더 그렇게 격한 반가움의 세리머니를 펼친 후에야 녀석이 안정을 찾은 듯했다. 녀석은 타래 푼 실 더미처럼 주체 못 할 기쁨을 깡그리 풀어낸 것이리라. 가족 모임 후 잠시 딸 집을 들렀던 날의 야단법석 풍경이다.

태어나 유대감이 무엇인지도 몰랐을 작은 생명이 한 달여 키워준 정에 이렇듯 열정적인 표현을 한다는 사실에 불현듯 가슴이 싸하게 시려왔다. 어디에서 이처럼 원망도 미움도 애바름도 모르는 충직한 반김을 만날 수 있단 말인가?

KB경영경제연구소는 2020년 말 기준 우리나라 반려 가구는 604만, 반려 인구는 1,450만에 달하며 이 중 반려견이 80.7%를 차지한다고 발표했다. 한국관광공사는 반려견을 위한 편의 시설과 놀거리는 물론 스포츠 레저, 스파·마사지 등을 즐기려는 반려견 동반 여행 인구가 늘어남에 따라 이에 맞춰 반려동물과 함께하는 국내 호캉스 성지들을 인터넷 곳곳에 소개했다. 바야흐로 반려 인구 1,500만을 바라보는 시대에 이 같은 현상들이 이제는 사치라고 웃을 일만은 아니다. 언제부터인가 애완견이란 명칭 대신 반려견이라 부르는 현실도 직시해 볼 일이다. 짝 반伴과 짝 여侶의 풀이처럼 반려견伴侶犬은 보호자 가족의 일원으로 인식해야 옳겠다. 견주가 되기 위해서는 애초에 가족을 맞이한다는 진지한 마음으로 개를 입양하고 키워야겠다는 것이다.

전국 네 곳의 본점과 분점, 네 곳의 파트너 병원, 스물네 곳의 홈스쿨로 분포해 있는 도그마루 메디컬 센터는 유기견 보호소, 반려견 분양소, 상담실, 메디컬 센터, 훈련 센터 등, 반려동물에 관한 업무를 총괄 담당하는 대규모 시설이다. 얼마 전, 이곳에서 엄선된 절차를 거쳐 까미(블랙 탄 Black and Tan)를 분양받았다는 딸의 들뜬 연락에 내 첫 마디는 "어떻게 감당하려고? 그런 엄청난 일을 벌였어!"였다.

초등학교 3학년이던 딸아이의 끈질긴 조름에 작고 귀여운 포메라니안 한 마리를 입양했던 날의 기억은 지금도 생생하다. 알음알음으로 가정집에서 분양받게 된 갈색 털북숭이는 인형 같았다. 생후 두 달도 채 안 된 그 강아지를 딸애는 퐁키라고 부르며 뛸 듯이 좋아했다. 남편도 무척 예뻐했다. 그러나 가족들과 달리 퇴근하면 집안일은 물론, 퐁키를 씻기고 빗기고 곳곳에 날아 앉은 털까지 청소하는 일에 지쳐가는 내 감정의 기복은 몇 달이 지나면서부터 널을 뛰기 시작했다. 스트레스가 누적될수록 정은 더욱 쌓여갔기 때문이다.

결국 까맣고 동그란 눈에 담긴 무한 신뢰의 빛, 풍성하게 부푼 황갈색 털의 어여쁜 자태, 쪼르르 달려와 온몸으로 반기는 애교의 절정. 산책길이면 뒤돌아서 몇 번이고 내 부재를 확인하는 영악함, 여름날 안방 벽걸이 에어컨 밑에 옹기종기 모여서 시원함을 함께 누렸던 정감은 새집으로 이사하며 파국을 맞고 말았다.

분양된 집집이 개를 데리고 와 아파트 전체가 시끄러워진 것인지, 그즈음 안내 방송은 연일 개 짖음을 제지해달라며 목소리를 높였고, 늪의 불길을 느낀 것인지 퐁키의 짖음도 때를 맞춰 유별나게 잦았다. 궁핍한 변명이지만 그즈음 내 사회활동조차 많아져 귀가가 자주 늦었던 것 역시 설상가상으로 몹쓸 결정을 부추기는 요인이 됐다. 급기야 나는 딸과 남편에게 퐁키로 인해 내 삶이 피폐해져 간다고 투덜거리기 시작했고 한때는 애지중지하던 그 아이의 케어를 누구도 나눌 수 없다면 손을 들겠노라고 선언했다. 그리고 남편을 통해 타인에게, 키운 지 4년 된 퐁키를 버리듯 보내는 몰인정을 저지르고 말았다.

그렇게 한 달여가 지난 후, 불편한 마음을 더욱 후벼파는 풍키의 소식은 청천벽력이었다. 아아! 나는 다음 날 출근도 못 할 정도로 밤새 울어야 했다. 아니 공원에서, 거리에서, 보호자와 산책하는 반려견들을 볼 때마다 "며칠 집을 비웠더니 굶어 죽었대."라는 소리가 환청처럼 들려 애써 안추르며 한동안 도리질하곤 했다. 사랑했던 추억과 냉정했던 기억이 상충하는 그날의 영상은 아직도 꺼지지 않는 불씨로 남아 있어 나를 괴롭게 한다.

해마다 10만여 마리의 개가 버려지고 있다는 정부의 통계는 씁쓸한 실태가 아닐 수 없다. 버려지는 이유가 경제적 부담이 8%, 배변 문제가 12%, 짖음 문제가 22%, 이사 문제가 27%라니 그 수치數値에 새삼 낯이 뜨거워진다. 파양과 유기 때 가장 많이 하는 말이 '어쩔 수 없어서'인데 먼 기억 속의 나는 이 말을 얼마나 남발하다가 타인에게 버리듯 떠넘겼던가. 반려동물 1,500만 시대인 오늘날, 애완동물에서 반려동물로 그 지칭까지 바뀐 현태에서, 과연 나는 풍키를 반려견으로 키운 것일까. 애완견으로 키운 것일까.

좋아하여 가까이 두고 귀여워하며 기른다는 뜻의 애완견愛玩犬에는 희롱하다, 가지고 놀다라는 완玩이 포함되어 있다. 생명은 소중한 것, 달면 삼키고 쓰면 뱉듯 하찮게 여길 생명이란 없는 것인데 내가 풍키를 기르던 그때는 애완견 시절이었다고 궁색한 변명을 할 수 있을까.

개는 최초의 가축이라는 이름으로 구석기시대부터 인간과 함께하며 명견으로 믹스견으로 때로는 식용견으로 갈리는 운명을 타고났다.

본능적 교감과 고도의 협동력으로 인간과 동고동락하는 개. 충성심은 물론 흥분, 스트레스, 만족감, 혐오감, 불안, 화남, 즐거움, 사랑의 감정을 어떤 형태로든 표현하고 감지할 수 있는 심리구조를 타고난 개. 사냥, 놀이, 운동 등 반려로써 인간에게 없어서는 안 될 존재의 개. 이들의 60% 이상이 주인의 변심으로 해마다 버려진다는 현실에서 퐁키를 타인의 손에 넘긴 나는 부끄럽게도 가지고 놀다 불필요해서 버린, 장난감으로 취급한 몹쓸 견주였던 것이다.

요란한 마중 후, 까미는 소파 위에 앉아 개 껌을 잘근잘근 씹고 있다. 펫보험과 반려동물 등록, 규칙적인 백신 접종, 광견병, 인플루엔자, 항체 검사와 수시 건강 체크까지, 날짜를 꼼꼼히 챙겨가며 동물병원에 다닌다는 딸. 가족처럼 키우겠다는 딸의 의지가 지금은 강하다. 주인이 돌아오자 반가워 어쩔 줄 모르는 1.7kg의 생후 4개월짜리 까미가 어찌 어여쁘지 않을 수 있을까. 딸의 의지가 초지일관하기를 바라본다. 3~4세의 지능으로 15~20년을 사는 이 안타까운 녀석을 이왕 키우기로 했다면, 죽을 때까지 가족의 일원으로 함께 해주기를 바라본다.

봄빛이 쏟아지는 휴일 오후, 퐁키를 대동한 우리 네 식구가 인근 천마산 둘레길로 산책하던 영상을 줌인해 본다. 사람보다 네 배나 먼 거리의 소리까지 듣는다는 민감한 청각 때문일까? 저만치 앞장선 퐁키가 어쩌나 보려고 나무 뒤로 숨자, 몸 숨기는 소리라도 포착한 것인지 금세 돌아서 두리번거린다. 이내 내 모습을 찾고는 꼬리를 흔들며 달려온다. 다시 앞장서 얼마를 종종거리며 가다가 돌아서 동그란 눈으로 내 부재와 실재를 확인한다.

씻기고 빗기고 먹이 주는 내가 녀석에게는 가족 누구보다 최고의 주인이었으리라. 충심으로 오래오래 함께하고 싶은 주인이었으리라. '퐁키야!' 그 이름을 가만히 입속으로 불러 보는데, 환상 속 텔레파시라도 통한 것일까? 소파 아래 스테퍼를 뛰어내려 잽싸게 달려오는 것은 대추 씨만 한 눈썹이 앙증맞은 까만 털 뭉치의 까미다. 까미야! 너는 꼭 오래오래 가족들과 행복해야 해!

나도 먹을 수는 있어!

윤태봉

송도 트리플스트리트 지하에 있는 그곳, 바네스타코 아트포레 점에서 저녁을 먹기까지 30분 정도는 줄을 서야 했다. 차례가 되어 들어선 입구 쪽 벽면은 온통 멕시코의 소도시 과나후아토의 풍경 사진이 펼쳐져 있었다. 내부는 키 큰 초록 식물과 다홍색 장식이 어우러져 넘치는 생동감을 자아냈다. 여기저기서 젊음의 달뜬 대화와 빠른 템포의 생소한 음악이 흘러나왔고 일순 훑어보는 시야로 카우보이모자가 씌워진 선인장 조형물이 들어왔다. 어쩐지 낯익다 싶어지며 그제야 멕시코의 한 식당에 들어선 기분에 젖는데 메뉴판을 훑던 딸이 문득 내 상상 속의 발길을 불러세웠다.

"엄마, 오늘 내 추천 메뉴는 브리또, 타코 쉬림프, 퀘사디아 퀘소에요. 엄마 건 채소를 많이 넣어달라고 했으니까 괜찮을 거야." 사실 나는 뭐든 잘 먹는 사람들과 식당에 마주 앉을 때면, 살짝 주눅이 들거나 불편함을 느끼곤 한다. 음식이 생소하거나 즐기지 않는 종류라면 특히 그렇다. 다수가 선호하는 맛집에서 내 까칠한 기호를 드러내 분위기를 깨기도 그렇고 젓가락을 들고 깨지락거리기도 그래서다. 그저 대충 묻어가며 저렇게 뭐든 잘 먹는다면 얼마나 좋을까, 하는 상대적 부러움에 젖는 것이다. 그래도 나이가 들면서 혀의 까탈이 다소 둔해진 덕인지, 애써 절충하는 쪽으로 흐르고는 있지만, 유년 시절부터 성인이 되어 사회생활을 하기까지 내 음식의 호오好惡는 적지 않았다.

 콩나물은 대가리 씹히는 식감이, 미나리는 특유의 향이, 시금치는 붉은 밑동의 흙냄새가 싫어서라는 식이었다. 유년의 어디쯤부터 식성이 골고루와 담을 쌓게 된 것인지는 모른다. 혹시 엄마가 버무리는 김치에 새우젓, 황석어젓, 멸치젓 등속의 젓갈을 넣을 때, 풍기는 그 비릿하거나 쿰쿰한 냄새가 역하게 후각을 자극한 후부터였을지. 아니면 밥에 넣은 강낭콩을 모조리 골라냈다가 혼쭐이 난 후부터였을지. 내장을 제거하지 않은 멸치볶음이 싫어서 도시락을 빼놓고 등교한 첫 시위부터였을지, 추측만 해 볼 뿐이다.

 고등학교에 입학하면서부터는 엄마 앞에서 내 음식 투정은 요구로 바뀌었다. 당시 김치를 담그는 날이면 젓갈이 들어가지 않은 몫을, 밥을 풀 때는 어떤 종류의 콩도 넣지 말아 줄 것을 요구했다. 사실 내 까다로운 식성을 자급자족하기 위한 하나의 방편이었다. 그러나 성인이 되어 사회생활을 하게 되면서 나 개인만의 편식을 공정한 요구로 드러내는 것은 옳지 않다고 여겨졌다. 그래서 모임에서 예약된 식당의 메뉴를 확인할 때 그 비중에 따라 다르긴 해도, 식사를 포기해야 할지, 모임을 포기해야 할지 고민한 적도 있다. 사람마다 식성이 다르니 나만 유독 이렇지는 않으리라. 하지만 모두가 잘 먹는 분위기에서 독야청청도 고군분투도 할 수 없는 일이니 이건 정말이지 불편한 일이 아닐 수 없었다. 내가 내게 유감이었다.

여고 친구들과 횡성에 귀촌한 친구 집으로 여행을 떠났던 그날도 예외는 아니었다. 600평 대지에 과실수로 뒤뜰이 둘러싸인 친구의 생활공간은 잡지 속 빼어난 작품 같았다. 늦가을의 정취가 물씬한 그녀의 전원주택에 배낭을 부리고 주변을 물들인 낙엽을 지르밟기도, 밤 깊도록 수다 꽃을 피우기도 하며 아침을 맞이하기까지 내 입꼬리는 귀에 걸리기 직전이었다. 살림꾼인 한 친구가 수제비를 만들어주겠다고 솔선할 때 내 입꼬리는 아예 귀에 걸렸다.

그런데 아침 식탁에서 수제비 그릇에 수저를 담그던 내 눈에 뭔가가 포착된 것이 화근이었다. 그것은 0.35mm 젤 펜으로 콕콕 찍어 놓은 모양의 까만 점이 드문드문 박힌 수제비 조각들이었다. 흑임자를 갈아 넣은 것도 아닌 이것들은 뭘까. 생각도 잠시, 곧 그것들의 정체가 새우젓에서 분리된 새우의 까만 동자瞳子들임을 알아차렸다. 평소 새우젓에 질색하는 나는 수저를 내려놓으며 "수제비에 새우젓을 넣는 것은 보다, 보다 처음이야."라며 이맛살을 찌푸렸다. 맛있게 수저질하던 친구들은 놀라 눈을 크게 떴고, 수제비를 만든 친구는 마침 국간장이 안 보여 새우젓으로 간을 맞춘 것이라며 키득거렸다. 내 오만상을 본 친구들이 갑자기 가가대소했다. 결국, 아침을 포기한 배고픈 추억이었다.

세종대왕은 어려서부터 수라상에 고기반찬이 없으면 밥을 먹지 못했다고 『조선왕조실록』은 기록하고 있다. 조선 중기의 문신이며 『홍길동전』의 저자 허균은 유배지에서까지 "반찬이라곤 썩어 문드러진 뱀장어나 비린 생선에 쇠비름과 미나리뿐"이라고 타박했다 한다. 이 같은 실화를 보더라도 당대의 위인들조차 어쩔 수 없었던 것이 음식에 대한 타박, 투정, 편식이 아니던가. 그렇다고 내 식성을 정당화하려는 것은 아니다. 나이를 먹으면서 이제는 토할 정도가 아니라면 대충 씹어 삼키는 공력도 들이니 말이다.

인간은 연륜이 깊어질수록 타자를 대함에 있어 배려와 이해로 흐르는 이치를 배우고 터득하며 원점으로 돌아가는 존재이다. 타자를 향한 감정 표현의 중용, 그 자연스러운 도리와 성찰의 흐름처럼. 이와 같이 식성도 저무는 나이에 맞춰 점차 털털하게 변해간다면 오죽 좋을까. 오리탕에 오리 죽까지 박박 긁어먹던 친구들 앞에서, 알배기 간장게장을 쪽쪽 빨며 나를 연민으로 바라보던 지인과 지기들 앞에서, 여유로운 척 밥과 김치만 씹는 일이 일부러 할 짓은 아니지 않은가.

이런 내게 딸이 특별한 음식을 맛보여 준다고 며칠 전부터 날을 잡더니 멕시코 음식점으로 데려온 것이다. 효심에 감동해 어떤 음식들이냐고 묻지 않았다. 타박을 부리다가 다시는 안 불러 줄까 봐 일체 함구했다. 줄 서는 맛집이라지 않는가. 딸이 아니면 누구도 멕시코 음식을 권할 리 없는 오늘을, 즐겨야 한다는 각오로 바네스타코 입구에서 나는 분위기부터 들이마셨다. 뭐든 나와봐라, 다 먹어줄게. 중국 사람들은 바퀴벌레 튀김도 먹고 태국 사람들은 전갈튀김도 먹고 페루에서는 애완동물인 기니피그도 먹고 남편 친구들은 머리째 튀긴 메추라기도 맛나게 뜯는다는데 나라고 눈 질끈 감으면, 멕시코 음식쯤 못 먹을 일이 뭐란 말인가. 그것도 예약할 때 우리 엄마는 그다지 고기를 좋아하지 않으니 태반太半은 빼달라고 했다지 않은가. 이제는 닭발도 돼지 껍데기도 잘 먹는다고, 나는 딸 앞에서 보란 듯 입맛을 다셨다. 여차하면 세월의 수치만큼 무뎌진 혀로 어떤 것도 말아 삼킬 결의였다.

드디어 식탁 한가득 멕시코 요리가 차려졌다. 광택 나는 금속접시에 색색의 채소와 겸하여 세팅돼 나온 음식들은 냄새부터 침샘을 자극했다. 잘게 썬 소고기와 콩, 치즈, 밥, 채소 등을 2mm 정도 두께의 구운 밀가루 토르티야에 돌돌 말아 낸 브리토. 노릇노릇 구워진 왕 만두피 크기의 토르티야에 기름 팬에 구운 새우, 양파, 로메인, 고수, 치즈 등을 올려 반으로 접은 타코 쉬림프. 특히 큰 원형의 토르티야 속에 비슷한 속 재료와 쭉쭉 늘어나는 모차렐라 치즈를 가득 넣고 피자처럼 커팅해 나온 퀘사디아 퀘소는 새콤한 샤워 크림소스와 어우러져 먹을만 했다. 고소한 듯 구수하고 상큼한 듯 달큰하고 바삭한 듯 쫄깃한 조화로운 맛이었다.

나를 보며 자신의 선택이 성공적이라고 딸애는 활짝 웃었다. 나도 고개를 끄덕이며 웃었다. 적어도 어느 정도 배를 채우기까지는. 이름도 낯선 멕시코 맥주 한 병을 곁들일 때까지는. 그러나 어느 순간부터 딸애의 시선이 느슨해진 틈을 타, 어쩐지 입안에서 겉도는 그것들을 나는 슬쩍슬쩍 뱉어내고 있었다. 타자를 대하는 중용의 도도 어렵지만, 노력해도 안 되는, 혀에서부터 저지되는, 이 식성의 호불호에 완전한 타협은 없단 말인가.

가을빛 모놀로그 같은

140원의 행복

김정중
jsh415k@naver.com

　하루에 만 보 걷기 운동을 시작하면서 어느 날부터 아내는 수시로 핸드폰에 눈길을 주었다. 궁금증이 더해 무슨 일이냐고 물어보니 돈 버는 중이란다. 돈벌이는 만보기 앱을 켜고 걷는 일이었다. 앱에서 지정한 목적물, 주위의 공원이나 건물 등을 스치면 20원이 자동 적립된다. 하루에 다섯 번 기회가 주어지므로 100원을 벌 수 있다. 만 보를 달성하면 보너스로 40원의 격려금이 추가로 주어진다. 아내의 애교스러운 행동이 가소로워 혀를 끌끌 찼다. 길거리에 100원짜리 동전이 떨어져 있어도 나는 귀찮아서 줍지 않을 거라며 싱겁게 웃어넘겼다.
　며칠 전, 아내는 그동안 5,000원을 모았다고 자랑하며 핸드폰에 쌓인 적립금 숫자를 빼꼼히 내밀었다. 내 팔랑귀가 솔깃해졌다.

　최근까지 나는 건강만큼은 타고났다며 부모님이 물려준 우월한 DNA에 큰 자부심을 가지고 있었다. 여태껏 큰 병치레 없이 살아왔고,

보약 한 첩 가까이하지 않았어도 건강만큼은 자신 있었다. 말 술도 마다하지 않고 즐기는 애주가였고, 몸에 해롭다는 담배도 하루에 한 갑 이상씩 주구장창 피워 대는 지독한 골초였다.

그런데 어느 날부터 몸에 이상 신호가 왔다. 배가 더부룩하니 소화가 안 되고, 호흡이 거칠어졌다. 가벼운 소화 불량이려니 하고 동네병원에서 증상을 설명했다. 처방전을 받아 약을 먹어도 전혀 차도가 없었다. 며칠을 힘들게 견디다가 종합병원에서 검사를 받았는데, 무조건 입원하라고 했다. 며칠간 입원해 있으면서 여러 검사와 관찰 끝에 받은 정확한 진단명은 이름도 생소한 폐쇄성 폐 질환이었다.

진폐증과 유사한 질환으로 광부들에게 많이 발병하는 진폐증이 석탄 가루가 원인이라면, 폐쇄성 폐 질환 발병의 주원인은 흡연이었다. 손상된 폐 기능은 회복하기 힘들지만, 더 이상 악화하지 않도록 꾸준하게 약을 먹고 가벼운 운동을 하며 몸 상태를 건강하게 유지하는 것이 최선의 치료라고 했다.

무조건 금연해야 했지만, 습관처럼 몸에 밴 흡연을 하루아침 단칼에 끊는다는 건 쉽지 않은 일이었다. 생활의 최일선에서 바쁘게 얽매여 살다 보니 잠시 짬을 내어 피우는 담배 한 개비가 하루의 고단함을 잊게 해주는 최고의 수단이었다. 금연을 결심하는 게 생각처럼 쉬운 일이 아니기에 우선 흡연량을 조금씩 줄이려고 시도했다. 그러나 병세가 다시 악화하여 재입원하는 상황이 되었다. 그제야 내 몸 상태가 가볍게 넘길 일이 아니라는 걸 깨달았다. 열흘 넘게 병원에 누워 있으려니 만감이 교차하며 이러다 죽는 것은 아닌지 덜컥 겁이 났다. 두어 달 후면 군에 입대하는, 대학교에 다니는 늦둥이도 있는데….

 이런 몸 상태로 가게를 운영하는 것은 무리라는 생각에 급하게 삶의 터전을 헐값에 맞바꾸었다. 해마다 정초가 되면 연례행사처럼 그동안 몇 번을 시도하고 실패했던 금연도, 죽음의 공포 앞에서는 전혀 어렵지가 않았다. 금연 보조 기구나 약의 힘을 빌리지 않고도 금연에 성공했고, 절연으로 인한 금단 현상도 이겨낼 수 있었다.

 이제 금연에 성공한 지 1년이 넘었다. 건강은 많이 회복했지만, 하는 일 없이 집에서 빈둥거리다 보니 체중이 10kg이나 늘었다. 뱃살은 점점 올챙이 배를 닮아가 몇 달 전부터 아내의 등쌀에 이끌려 하루에 만보 이상 걷기 운동에 동참하고 있다.

 주로 아파트 주변을 산책하는데, 우리 아파트와 담벼락을 같이하고 있는 망포 공원에는 지금 갖가지 봄꽃들이 꽃망울을 터트렸다. 봄의 전령사 매화와 산수유는 벌써 내년에 다시 올 것을 기약하며 우리 부부에게 소소한 행복을 안겨주고 떠났다. 요즈음은 기후 변화의 영향으로 4월의 꽃들인 목련, 개나리, 진달래, 벚꽃이 3월 중순부터 앞다투어 얼굴을 내밀었다. 이런 추세라면 앞으로 수십 년 안에는 2월에 벚꽃을 볼 수도 있겠다며, 방송에서는 급격한 기온 상승 걱정들이 줄을 잇는다.

 이런 경고에도 아랑곳하지 않고 4월의 꽃들은 고운 자태를 뽐내기라도 하려는 듯 축제의 무대에 올랐다. 얼마나 축제에 참여하고 싶었으면 살을 에는 듯한 추위와 거친 눈보라를 견디어 낸 앙상한 가지 위에 푸른 잎새를 틔우기도 전에 화려한 꽃망울을 먼저 터트렸을까!

아내는 섬진강 시인 김용택의 시 「그 여자네 집」 처자라도 되는 듯, "하따! 참말로 이쁘다잉~!" 한껏 멋을 낸 그들을 바라보며 소녀적 감성을 찾기라도 한 듯 호들갑스럽게 연신 탄성을 자아낸다. 공원 산책로를 따라 철쭉과 제비꽃, 민들레 등이 군락을 이루며 이름 모를 꽃들과 함께 어우러져 우리 부부를 반긴다. 공원을 한 바퀴 도는 데 천 걸음 정도로 아담하다.

청둥오리 가족들이 점령한 작은 연못가에는 하얀 돌단풍꽃이 돌 틈 사이를 헤집고 피어나 강한 생명력을 과시하듯 뽐내고 있다. 살랑거리는 꽃바람에 취해 발걸음을 잠시 멈추고 꽃내음에 얼굴을 묻어 보지만, 의외로 향기가 없거나 미약하다. 벌과 나비들이 마실 나오지 않은 이른 봄이기에 꽃의 향기가 미미한 것일까. 꿀벌들은 아직 겨울잠에 취해, 일찍 무대에 오른 봄꽃 소식을 전해 듣기나 한 걸까.

엉뚱한 생각들이 꼬리에 꼬리를 물자 피식 웃음이 났다. 아내는 꽃에 관해서 박학다식하다. 조팝나무, 금잔화, 명자나무꽃, 개불알꽃, 복수초, 양지꽃…. 마치 움직이는 백과사전 같다. 바쁘게 산다는 이유로 철 따라 피는 꽃송이 하나에도 마냥 행복해하는 아내의 감성을 애써 외면하며 살아온 것 같아 미안함이 앞선다. 이제는 바쁜 생업 탓으로 등한시한 건강을 회복하면, 생활 전선에서 한 발 뒤로 물러나 아내와 함께 삶의 여유를 가지고 자연을 관조觀照하며 살고 싶다.

며칠 전부터 내 핸드폰은 아내를 따라 하고 있다. 목표물을 정하고 걸어가니 한결 덜 힘들다. 다람쥐 쳇바퀴 돌듯, 한 곳만을 여러 번 도는 것보다는 지루하지도 않고 재미도 쏠쏠하다. 무심하게 지나치던 것들이 새롭게 느껴지고, 색다른 소일거리가 생기니 더욱 동기 부여가 되는 듯하다.

 요즈음 나는 140원의 행복에 푹 빠졌다. 큰 금액은 아니지만, 중독성이 매우 강하다. 오늘도 우리 부부에게 280원의 적립금이 쌓였다. 걸어서 다녀 보니 만개한 벚꽃들이 지천이다. 이번 주에는 팔달산 자락, 경기도청 옛 청사에서 열리는 수원 봄꽃 축제에 140원의 행복을 찾으러 가야겠다.

외갓집 편지

김정중

외사촌 형님의 별세 소식을 들었다.

지금은 온데간데없고 빈터만이 남았지만, 외갓집은 외할머니가 살던 둘째 외삼촌 집이었다. 나는 어릴 적, 외할머니 생신이나 외할아버지 제사 때면 부모님을 따라 삼십 리가 넘는 길을 종종걸음으로 걸어서 외갓집에 갔다. 아이 걸음으로 30리는 먼 거리였지만, 외할머니가 사는 외가에 가는 길은 한없이 가슴 설렜다.

지름길을 택하다 보면 공동묘지를 지났다. 울창한 소나무 숲 사이로 난 산길을 몇 고개나 넘어야 했는데 빽빽이 솟아오른 소나무들이 하늘을 가렸다. 대낮에도 어둑하고 음산한 기운이 감돌아서 어른들도 혼자서는 다니기 꺼리는 길이었다.

고갯마루에 이르면 돌무더기가 수북하게 쌓인 서낭당(어린 시절엔 돌무덤으로 이해함)이 있었다. 우리 일행이 재를 넘을 때면 나는 재빨리 주변에 있는 돌을 주워 위태위태한 돌탑 위에 얹고 우리 가족들이 무사하게 지나게 해달라고 두 손 모아 빌었다.

외갓집은 '숫골'이라는 지명이 암시하듯, 사방이 산으로 뒤덮인 두메산골이었다. 이십여 가구 남짓한 동네로 당시에는 전기도 들어오지 않았고 마땅한 교통수단 또한 없었다.

오가는 길이 만만치 않았지만, 고만고만한 사촌들도 나처럼 엄마 아빠를 따라 외갓집 행사에 왔다. 멀리 떨어져 지내던 그들과 모처럼 만나 마음껏 뛰놀 수 있다는 건, 참으로 즐거운 일이었다.

외삼촌은 슬하에 7남매를 두었고, 고인이 된 형님은 외삼촌의 맏이였다. 나와는 열 살 이상 나이 차이가 있어 비교적 함께 공유한 시간과 추억이 많지 않지만, 정 많고 따뜻한 분이었다. 형님은 공직에 오래 머물다가 정년 퇴임을 했다.

십수 년 전, 외삼촌에 이어 외숙모가 세상을 떠난 후 형님은 사촌들과 교류를 눈에 띄게 줄였다. 집안 애경사에서 형님의 모습은 점점 찾아보기 힘들었다. 이유는 어렴풋이 알고 있었지만, 친척들과 이렇게 긴 시간 교류가 끊어지리라 예상하지는 못했다. 형님의 편협한 생각 때문이었던지 나머지 형제들도 친척들과 교류에 소극적이었고, 10여 년 넘게 왕래가 없다 보니 연락도 끊어졌다.

외숙모는 내 작은어머니의 여동생이었다. 그러니까 외갓집과 우리 집안은 겹사돈이다. 그 때문인지 외숙모는 다른 조카들과 달리 유독 나를 살갑게 맞아주었다.

나는 초등학교 시절 여름방학이 되면 외가에 자주 놀러 갔다. 외사촌 형제 중에 두 살 위의 형, 나와 동갑이지만 애석(?)하게도 생일이 늦어 지금껏 오빠라고 우려먹고 있는 여동생과는 함께한 어릴 적 추억이 많다. 내가 외가에 갈 때마다 형은 좋은 친구가 되어 주었다.

우리는 의기투합해 산토끼를 잡겠다고 온 산을 헤집고 다녔다. 토끼는 의심이 많아 다니는 길만 고집한다. 토끼굴 근처 길목에 가느다란 철사로 올가미를 만들어 설치하고 나무에 고정했다. 다음 날 그곳을 찾았지만, 토끼를 잡은 기억은 없다.

외갓집에서 그리 멀지 않은 곳에 외할아버지 산소가 있었고, 묘지 아래쪽으로 조금 내려오면 조그마한 방죽이 있다. 우리는 하루도 빠짐없이 이곳에서 물놀이하며 매미 소리 요란한 한여름 무더위를 식혔다. 다랑논에 농업용수로 요긴하게 사용되던 방죽의 물은 매우 차가웠다. 산에서 흘러 내려오는 물을 가두어 두는 저수지였는데 여기저기 수렁에서 뽀글뽀글 물방울이 샘 솟기도 했다.

수위水位가 넘치면 다랑논으로 졸졸 흐르는 물줄기를 따라 떼 지어 다니는 송사리를 쫓기도 했다. 논두렁에 벗어 놓은 검정 고무신 안에는 포획된 송사리가 그득했다.

멱을 감으며 놀다가 진력나면 물싸움이 시작되었고, 으레 내가 형을 물속에 밀어 넣어 골탕을 먹였다. 형은 유순한 성격이기에 엉겁결에 물을 잔뜩 먹고도 내 짓궂은 장난에 화를 내거나 나무라지 않고 다 받아주었다.

동갑내기 여동생과 심부름 중에 일어났던 사건은 60여 년이 흐른 지금까지도 생생하다. 내가 초등학교 취학 전이니 예닐곱 살 무렵, 외갓집에서 있었던 일이다. 여동생과 함께 담배심부름을 나섰다가 길을 잃어 하마터면 미아가 될 뻔했다. 어린애에게 무슨 담배심부름이냐 생각할 수도 있겠지만, 그 시절에는 그랬다.

아랫마을 초입에 있는 구멍가게에 가기 위해 빙빙 돌아가는 큰길을 포기하고 지름길인 논길을 택했다. 논두렁길을 한참 지나다 보면 큰 돌덩이가 두세 개 놓인 작은 개울을 건너야 했다. 가게에서 돌아오는 길이었다. 돌덩어리 징검다리를 건너다 그만 발을 헛디뎠다. 그 바람에 들고 있던 담배를 물에 빠뜨리고 말았다.

어린 마음에 어른들께 꾸중 들을 일을 생각하니 왈칵 겁이 났다. 여동생에게 우리 집에 가겠다며 도망치듯 혼자 발길을 돌렸다. 외갓집에 오던 길을 반대로 더듬으며 앞으로 나아갔다. 어른 키보다 크고 무성한 수수밭 사잇길을 지날 때는 산꿩들이 푸드덕거리며 땅을 박차고 떼지어 허공으로 날아올랐다. 산그림자가 걸려있는 으슥한 오솔길에 들어설 때는 호랑이라도 한 마리 튀어나올 것 같아 등골이 오싹하고 머리칼이 쭈뼛거려 멈칫했다. 하지만 외갓집으로 돌아갈 수는 없었다.

대략 시오리 길을 걸어 나와 읍내 초입 삼거리에서 길을 잃었다. 처음 본 삼륜차가 비포장 신작로를 따라 뿌연 흙먼지를 일으키며 지나가는 광경에 길을 잃은 것도 잊은 채, 길가에 쪼그리고 앉아 신기해 넋을 놓고 한참을 구경했다.

그때 뒤쪽 저 멀리서 내 이름을 부르는 소리가 들렸다. 뒤돌아보니 허둥지둥 잰걸음으로 걸어오는 꾸부정한 외할머니의 모습이 아닌가.

외사촌 여동생에게 사초지종을 들은 외갓집에는 난리가 났을 터, 외삼촌들은 내가 갔을 만한 길로 흩어져 찾아 나섰고, 외할머니는 읍내로 난 길을 따라 뒤쫓아 온 것이었다. 나는 당시 환갑이 넘은 외할머니 등에 업혀 4음보의 자장가 소리를 들으며 외갓집으로 돌아왔다.

> 금자동아 은자동아, 우리 아기 잘도 잔다
> 금을 주면 너를 사며, 은을 주면 너를 사랴
> 나라에는 충신동아, 부모에는 효자동아
> 자장자장 우리 아기, 자장자장 잘도 잔다
>
> > - 전래동요, 자장가 일부

다 큰 외손주를 등에 업고 책망 한마디 없이 엉덩이를 토닥토닥 다독이며 시오리 길을 걸었으니, 외할머니의 고단함이 오죽했을까. 해는 뉘엿뉘엿 기울고 그때까지 외삼촌들은 나를 찾아 나선 길에서 돌아오지 않았다. 전화도 없던 시절이었으니 아이를 찾았다는 소식도 알릴 방법이 없었다.

형제간에 우애가 깊었던 외삼촌들 사이에 언제부터인가 다랑논 몇 마지기를 놓고 커다란 균열이 생겼다. 처음에는 단순한 의견충돌이라 생각했던 것들이 오해가 생겨 날이 갈수록 감정의 골이 깊어졌다. 먹구름이 깊어지면서 외삼촌들이 모이면 조용히 넘어가는 날이 없었다. 울타리를 타고 큰소리가 넘나들었다. 불화 소식은 삽시간에 산골 마을

가을빛 모놀로그 같은   193

사람들의 입방아에 올랐고 소문은 동네 아이들을 따라 이십 리 밖에 있는 학교까지 재를 넘어와 출렁댔다.

결국, 다툼은 팽팽하게 평행선을 이뤘다. 외삼촌들이 죽을 때까지 갈등은 봉합되지 않았다. 당신들이 파놓은 문제가 대를 이어서 또 다른 분란으로 이어지리라고는 아무도 몰랐을 것이다. 외삼촌들의 다툼을 바라보며 외사촌들 사이에도 대화가 서서히 줄어들고 침묵이 길어졌다. 어쩌다 모처럼 만나게 되어도 그들의 만남은 데면데면할 뿐이었다. 그 서먹서먹한 분위기를 나는 먼발치에서도 느낄 수 있었다. 그렇다고 응어리가 이토록 오랫동안 깊게 자리 잡으리라고 생각하지는 못했다.

오죽했으면 사촌간 왕래를 회피했을까. 이상과 현실 사이에서 갈등하고 고뇌했을 고인의 심정을 이해하면서도, 형제들까지 이토록 마음을 굳게 닫아야 했는지 안타깝다. 사촌들과 교류가 끊어지다 보니 형님의 부고는 입소문을 타고 돌고 돌아 뒤늦게 배달된 편지였다.

이 상황을 예견했던지 가족들은 일부러 부고를 띄우지 않았다. 사회는 빠르게 핵가족화되었고 각박하게 흘러가다 보니 애경사 참석도 품앗이 개념으로 바뀐 지 오래다. 글도 삶도 허름한 내가, 형님의 부고를 받았다면 이해타산 없이 한달음에 장례식장으로 달려가 조문했을지 자문해 본다.

흐르는 시간 속에 외사촌들도 머리가 희끗희끗한 노년의 삶을 살고 있다. 그들의 정겨운 얼굴이 주마등처럼 스친다. 예전의 그 시절로 돌아가기에는 너무 늦은 걸까. 더 늦기 전에 앙금을 훌훌 털어버리고 만날 수 있는 기쁜 날이 오기를 고대해 본다. 형님의 명복을 빈다.

경아

정희영
bj990301@hanmail.net

　세월이 지나도 흐려지지 않는 기억들이 있다. 머릿속에 이미지로 남은 몇 개의 장면은 과거의 시간을 붙들고 놓지 않는다. 애써 떼어내려 하지 않지만, 굳이 떨어져 나가려고도 하지 않는 그 몇 개의 기억이 사는 내내 때 없이 불쑥 튀어나와 속을 태운다.

　1. 고무신

　마루 끝에 곱게 엎어놓은 작고 귀여운 고무신 한 켤레. 화사한 햇살이 내려앉아 눈이 부시다. 곧이어 붉게 타올라 사라져 버릴 것 같은 젊은 아버지의 눈물 그렁그렁한 눈. 기억 속의 충혈된 그 눈이 점점 커지면 나는 늘 그렇듯 눈꺼풀을 지긋이 내린다.
　그때의 아버지는 자주 화를 냈고, 더욱 말이 없었다. 엄마는 훌쩍이는 날이 많았고 두 살 터울 여동생은 신발을 신지 않았다. 입술이 앵두처럼 빨개지고 코끝에 땀방울이 송골송골 맺히면 꼭 방구석으로 가서 웅크리고 누웠다. "엄마, 경아 또 입술 빨갛게 됐다." 부엌에 있던 엄마는 혼비백산 달려오고 겁먹은 나는 동생에게 무서운 일이 생긴 것 같아 가슴이 두근거렸다. 유난히 새빨간 입술과 콧잔등의 땀은 그 작은 아이를 방바닥으로 끌어당겼다.

둥근 밥상에 셋이 둘러앉고 경아는 한쪽에 누워 있다. 걱정 어린 눈으로 머리를 쓰다듬는 엄마를 보며 아버지는 소리쳤다. "인간 안 된다. 정 주지 마라."

내가 대여섯 살 때였다. 이 말의 의미와 깊이를 이해하기엔 턱없이 어렸다. 아버지가 왜 정 주지 말라고 했는지, 인간 안 된다는 말이 어떤 뜻인지 몰랐다. 녹아내릴지도 모른다고 생각한 아버지의 붉은 눈이 무엇을 담고 있는지 알지 못했다. 박차고 마당으로 뛰쳐나가 부들부들 떨며 그 말을 토해 내던 모습만 또렷하다. 그날 나는 아픔이 차올라 가슴이 터진 아버지를 보았다. 마루 끝에 그림처럼 곱던 하얀 고무신은 숨이 멎은 듯 고요한 풍경으로 남았다.

2. 약병아리

"한 마리만 파이소. 우리 손주 약 할라고 그란다 아입니꺼. 예에?"
할머니는 이번에도 양계장 주인에게 통사정했다. 병아리보다 크고 중닭보다 작은 어중간한 크기의 닭을 약병아리라고 했다. 달걀을 낳아야 하는 닭을 중간에 팔아버리면 주인의 손해가 이만저만 아닐 테다.

아이가 아프다고 하니 마지못해 팔긴 하지만, 새끼 닭을 내어놓는 주인의 심정은 오죽했으랴. 할머니의 사정에 마지막이라며 내주길 여러 번, 그렇게 약병아리 몇 마리를 해치우고 동생은 더 이상 방구석 신세를 지지 않았다.

"영아야, 이거 동생 약이라서 묵는 기다. 약은 나나(나눠) 묵는 거 아니니까 좀 참아래이."

다정히 어르는 할머니의 말에 고개를 끄덕이며 턱을 괴고 동생 앞에 쪼그려 앉았다. 뽀얀 국물에 담긴 야들야들한 살점들이 한 점, 두 점 뜯겨 병아리 같은 동생의 입안으로 속속 들어갔다. 야무지게 잘도 먹는 동생의 입을 보며 저 입이 내 입이었으면 했다.

그즈음 나는 할머니가 속절없이 좋았다. 마냥 좋았다.

3. 자라

입이 짧아 음식을 잘 먹지 않던 동생은 아마도 영양실조였던 듯하다. 몇 군데 병원에서도 찾을 수 없는 병증으로 고생하던 아이가 할머니의 약병아리 구완 덕에 살이 통통하게 올랐으니 말이다.

사오십 년 전, 경남 김해 대동은 농사가 주업이었지만 낙동강 하류에 위치해 어업에 종사하는 사람도 드물지 않았다. 아버지는 당시 작은 목선으로 재첩을 잡아 생계를 이었다. 재첩과 함께 장어나 자라 같은 어종도 잡혔는데 그중에서 자라는 임금님 진상품에 오를 만큼 값진 생물이었다. 그 자라는 아버지의 어망에 자주 걸려들었다. 동생 병의 원인이 영양부족인 줄 알았다면 진작에 자라를 보양식으로 고아 먹였을 터였다.

못 먹어서 생긴 병이니 잘 먹이라는 할머니의 당부를 잊지 않고 아버지는 부지런히 강바닥을 훑었다. 자라가 잡힌 날 아버지 얼굴에서는 싱글벙글 웃음꽃이 피었다. 나도 덩달아 연신 웃음이 났다. 먹기 싫은 걸 또 먹게 된 경아만 울상이었다.

자라는 2억 년 전 빙하시대에도 살아남은 끈질긴 생명력의 상징이다. 1~2년 동안 아무것도 먹지 않고 살 수 있는 유일한 동물이 바로 자라다. 중국, 일본을 비롯한 여러 아시아 국가에서 식용으로 사용하는데 우리나라는 보양식과 약용으로 주로 쓴다. 기혈 보충과 심신허약에 특히 효능이 있으며 누구나 들어 봤음 직한 용봉탕과 자라찜이 유명하다. 그 맛은 닭고기와 비슷하다고도 하고, 닭고기는 명함도 못 내밀 맛이라고도 하는데 약병아리와 자라를 많이 먹은 동생은 딱 한 점만으로도 구분해 냈다. "따악 보이 자라네." 하면서.

사실 우리나라에서 '자라' 하면 『별주부전』이 제일 유명할 것이다. 자라 별鼈과 관서의 부적符籍을 주관하던 종6품 관직인 '주부'란 벼슬의 이름을 합쳐 지은 제목이다. 용왕의 약을 구하기 위해 특사로 임명된 자라는 토끼에게 속기만 하는 어리숙한 중생이다. 그때도 토끼 간을 구하러 뭍으로 오려던 중이었을까. 어리숙한 자라가 낙동강에 제법 살았던 모양이다.

시간이 흘러 세월이 되었다. 경아는 어릴 적에 먹은 보양식 덕분인지 건강한 아줌마로 살고 있다. 군살 없는 근육질 몸매에 날렵함까지 겸비한 생활체육인이다. 수년간 이어온 에어로빅을 바탕으로 요가, 복싱을 비롯해 몸의 유연성을 위한 발레까지 섭렵했다. 헬스장에서는 체대를 나온 사람만큼 잘한다는 칭찬을 듣기도 했다. 거기다 요즘은 수영에 흠뻑 빠졌다. 그것도 유튜브 강의를 보며 독학으로 배영까지 마쳤다.

그런 동생을 보며 지난날의 기억은 놓아주려 한다. 유난히 겁이 많은 나의 성격은 이런 날들의 두려움이 쌓여 만들어진 것인지도 모른다. 이제 한 편의 글로 훌훌 날려 보내며, 경아에게 남긴 아버지의 유언을 되새겨 본다.

"경아야, 겁먹지 말고 살아라."

우정, 유연한 곡선을 끌어내다

정희영

"버뜨(but), 그러나"

그는 술에 취하면 이 말을 버릇처럼 했다. 또 한 사람은 "세상은 둥글" 다고 맞받아쳤다. 그들은 취업 준비생이던 젊은 시절, 불안에 흔들리던 날들을 함께 보내며 술잔에 시름을 녹여 마셨다.

버뜨, 그러나를 외치던 남편 친구 J가 십여 년 만에 연락을 해왔다. 세상은 둥글다던 서방님은 깜짝 놀라 "니 와그라노, 안 하던 짓을 하고."라며 농을 던졌다. J는 한 해를 마무리하며 오랫동안 만나지 못했던 친구들에게 연락하는 중이었다. 점심 한 끼 먹으며 지난 이야기, 살아가는 이야기를 주거니 받거니 했다.

사람의 인연이란 전화 한 통으로 이어지고, 말 한마디로 끊어지기도 하며 그냥 그렇게 드문드문하다 한 시절 속에 남기도 한다. 남편은 J와 같이 여린 잎처럼 세상을 향해 고개 내밀던 시절을 함께 한 친구가 있는가 하면 고등학교 때부터 이순耳順을 바라보는 지금까지 한결같이 킥킥거리고 사사로운 일들을 나누며 사는 친구들이 있다. 어디 내세울 만한 대단한 우정인지는 모르겠으나 긴 세월을 이어온 것만큼은 높이 평가하고 싶다.

사느라 팍팍하던 시절에도 연줄을 잡고 있었던 이유가 자못 궁금해 세 사람에게 물어보았다. 셋 중 가장 모범적인 H, 남편과 꼴등을 다투는 P, 그래도 둘보다는 본인이 낫다고 생각하는 남편. 이들의 답이 기대되었다. 역시 H의 성의 있는 답변이 먼저 도착했다.

답변 중에 아내들의 도움이 크다는 내용은 상당히 공감되는 부분이었다. 다들 돈복은 크게 없어도 부인복은 있어서 남편이 좀 지질하게 굴어도 '내 발등 내가 찍었다'라는 심정으로 넘어간다. 게다가 말 안 듣는 남편 이겨보겠다고 잡도리할 만큼 기가 세지도 않다. 보살 수준이라는 H의 평에 적극 찬성이다.

우선 부부 동반 모임에서 남편이든 자식이든 자랑하지 않는다. 대신 그간 모아 둔 남편의 허물을 하나둘씩 꺼내 놓고 속을 푼다. 다 거기서 거기니 어디에 말하지 못할 흉도 친구들 앞에서는 할 수 있다. 아내들은 서로 공감하며 위안을 얻고, 남편들은 '저 녀석보다는 내가 낫네'하고 안도의 큰 숨을 쉴 수 있다. 새벽 신문이 배달될 시간에 귀가한 남편 이야기를 어디서 하겠는가, 술 취한 남편 찾으러 밤길에 운전했던 속상함을 어디서 풀겠는가, 이불 위에 한바탕 토해 놓은 이야기는 또 누구에게 하겠는가 말이다. 끼리끼리 비슷한 인물들이 친구라서 속 풀기 딱 좋은 모임이다.

비록 아내에게는 밑바닥까지 보여 주고 살지만, 서로를 존중하고 우정에 금이 가지 않을 만큼의 선을 지키는 예의는 있다. 누구 하나 지금껏 불쌍한 모습을 보이지 않았다. 가령 형편이 어려우니 돈을 빌려달라든가, 이러고 저러니 도와 달라는 구차한 소리를 아무도 하지 않았다. 다들 자식 키우고 생활하며 살기 뻔한 살림에 친구가 딱한 사정 이야기를 하면 서로가 불편할 수도 있지 않은가. 그런 걸 도와줄 수 있는 게 진정한 우정이라고 말하는 이도 있겠지만, 다른 한편으로 친구를 생각한다면 그런 말은 하지 않는 것이 서로 간의 예의라고 여긴다. 머릿속으로 계산하지 않고 술값 정도는 얼마든지 먼저 낼 수 있는 넉넉함만으로도 충분히 지금까지 올 수 있었다.

언젠가 뉘엿뉘엿 해가 질 무렵, P 부부와 자갈치 시장 꼼장어 집에서 꿈틀거리는 꼼장어를 코앞에 두고 앉았을 때였다. 남편과 P는 서로 생각이 다른 주제로 이야기를 잇던 중이었다. 남편의 말을 다 들은 P가 "니 생각은 그렇나? 내 생각은 좀 다른데."라면서 자기의 견해를 풀어놓았다. P의 이야기보다 그 말투에 감탄했다. 너도나도 자기 말이 옳다고 목에 핏대를 세우는 세상에서 상대의 생각을 인정하고 그 생각이 틀린 것이 아니라 자신과 다르다고 표현하는 태도였다. 그러고 보니 이 셋의 언어 습관에 절제와 존중이 담겨 있었다. 예쁜 말은 좋은 관계 형성의 기본 틀이지 않을까. 아, 물론 정치 성향이 다른 이들은 상대가 지지하는 당을 향해 한바탕 욕을 해대기도 하지만, 서로를 향해서 날을 세우지는 않는다. 그냥 "하, 골치 아픈 놈일세."하고 고개를 절레절레 젓는다. 오늘도 이들은 배려가 담긴 말 모양새로 허접한 이야기를 나눈다.

시시껄렁한 대화로 평범한 일상을 나눌 수 있는 바탕에는 20대, 인생의 가장 뜨거운 시기를 함께 보낸 추억이 있다. 얼굴에 아로새겨진 세월의 골에는 풋풋하고 싱그러운 시절의 이야기도 함께 담겼을 테다. 같은 고등학교와 대학교를 졸업하고 30개월의 긴 군 생활 동안 간간이 보내준 편지로 위로받은 시절이 그들을 더 끈끈하게 엮어주었을 것이다.

들여다보면 뾰족이 날 선 부분도 있고 뭉툭하고 투박하게 무딘 모습도 있으며 머리를 콕 쥐어박고 싶은 어린애 같은 모습도 있겠지만, 그들은 서로의 부드럽고 유연한 곡선을 끌어내는 힘을 가졌다. 헨리 포드의 "가장 친한 친구는 가장 좋은 면을 끌어내 주는 사람이다."라는 명언이 꼭 들어맞는다는 생각이 든다. 로마 황제 네로의 스승으로 유명한 정치인이자 문학가인 루키우스 안나이우스 세네카가 말한 "우정의 가장 아름다운 특징 중 하나는 이해하고 이해받는 것이다."라는 말처럼 못난 서로를 이해하고 이해받으며 아름다운 우정을 이어가길 기대한다.

버뜨, 그러나의 J와 같이 얼굴 한 번 보기 위해 긴 시간을 훌쩍 뛰어넘어 소식을 전하는 따뜻함을 기억하기를. 다른 친구를 만들기엔 이미 늦은 나이라는 것을 잊지 말기를. 닿아 있는 연줄을 살짝 잡아당겨 친구 관계를 잘 가꾸어 가기 바라본다.

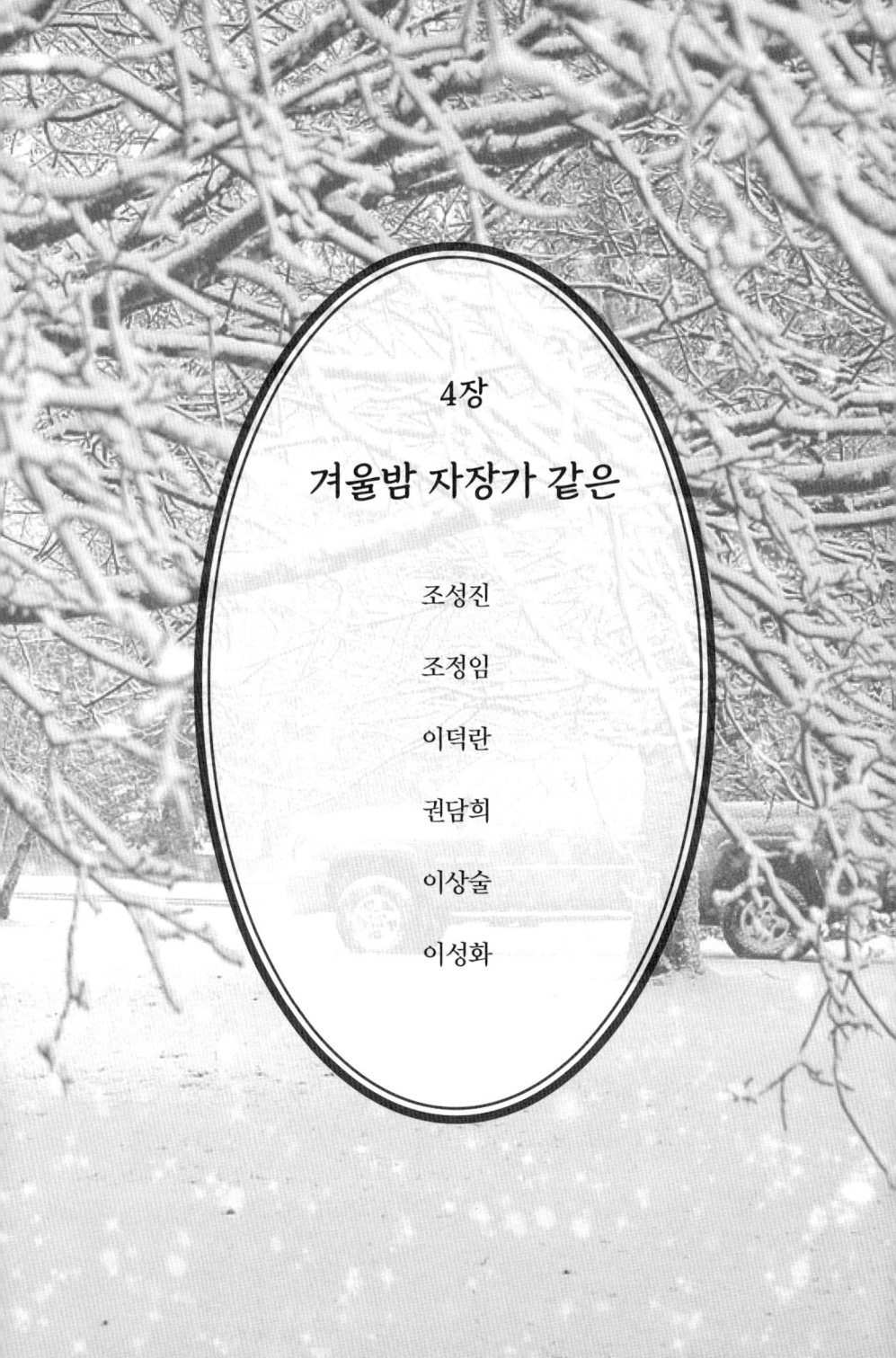

4장
겨울밤 자장가 같은

조성진

조정임

이덕란

권담희

이상술

이성화

커피 단상

조성진
neilson@hanmail.net

나의 하루는 테라스 앞 공원에 있는 나무에게 건네는 인사로 시작합니다. 추우나 더우나 혹은 비가 오고 바람이 불어도 빠지지 않습니다. 그 인사는 "안녕!" 두 글자로 시작합니다. 그리고 하늘을 보고 나서 날씨 이야기를 건네지요. "오늘은 하늘에 구름이 많구나." 혹은 "비가 올 것 같네." 정도입니다. 인사받기를 바라는 대상은 공원의 나무지만, 혹은 나무가 자라고 있는 땅에게 건네는 인사일지도 모르겠습니다.

중년 사내의 조금은 엉뚱한 아침 인사를 누가 듣게 되면 어쩌냐며 걱정할 수도 있겠지만, 괜찮습니다. 이른 시간에 아파트 한가운데 있는 공원을 산책하는 사람도 드물고 혹여 누군가 그 소리를 들었다 해도 상관없습니다. 무려 21층이나 되는 아파트의 어느 집에서 들리는 소리인지 찾기도 어려울 테니까요. 나무가 우거진 여름철에는 더더욱 찾을 수 없을 겁니다. 또 그 순간만큼은 자연과 나누는 인사이니 개의치 않습니다.

이렇게 아침 인사를 하고 걸음을 옮기는 곳이 있습니다. 그 걸음은 장엄하기까지 합니다. 이 시간에 해야 하는 가장 중요한 일이 있거든요. 걸음이 향하는 곳은 부엌입니다. 부엌보다는 주방이라는 말이 더 친숙하게 들리는 이유를, 국어사전을 찾아보고야 알았습니다. 부엌은 음식을 만들고 설거지하는 등 식사에 관련된 일을 하는 곳입니다. 주방은 음식을 만들거나 차리는 방이라고 하네요. 저는 그 공간에서 음식을 만들고 설거지도 하지만 음식을 차리고 먹기도 하니 주방이 조금 더 친숙한 이유일 겁니다. 사실 명칭은 그다지 중요하지 않습니다. 그때그때 입에 붙는 소리로 말해도 소통은 충분하니까요. 아무튼 대여섯 걸음을 옮겨 머리 위 제일 오른쪽에 있는 선반 문을 엽니다. 아내가 제게 허락한 싱크대 한 칸입니다. 그곳에는 커피 도구가 가지런히 놓여 있습니다. 요즈음에는 홈 카페라는 말로 바꿔 부르더군요.

먼저 시장에서 구입한 석 장에 천 원 하는 도화지 크기의 푸른 줄이 그어져 있는 작은 행주를 펼칩니다. 마치 성찬의 전례 때에 신부님이 제대 위에 펼치는 성체포처럼 말입니다. 물론 그에 미치지는 못하겠지만, 매일 아침 만드는 커피 한 잔을 위한 예식의 시작입니다. 행주 파는 할머니는 행주를 이렇게 소중한 용도로 사용하리라고는 전혀 생각하지 못했겠지요. 어떤 물건을 본래의 용도가 아닌 다른 용도로 사용할 때는 묘한 느낌이 찾아옵니다. 나만의 방식으로 사물을 해석했기에 느낄 수 있는 작은 만족이지요. 행주를 깔아두는 건 날리는 커피 가루와 간혹 떨어지는 물 몇 방울 때문입니다. 제가 구입한 행주는 더 이상 행주가 아닙니다. 아침 예식을 거행하기 위한 시작점이 된 거죠.

모서리까지 반듯하게 펼쳐 놓은 행주 위에 정확한 계량을 위해 납작한 저울을 꺼내 놓고 전원 버튼을 누릅니다. 수년 전부터 사용하던 게 있었지만, 고장이 나면서 급하게 산 검은색 저울입니다. 기억에 5천 원 정도 준 것 같습니다. 저울 오른쪽에는 무게를, 왼쪽에는 초시계가 달려 있어 커피를 정량으로 시간에 맞춰 물을 붓는 데 최적인 저울입니다. 가끔은 초시계가 말썽을 부리지만, 그럭저럭 사용할 만합니다. 저울의 본래 용도는 무게를 재는 것이니 초시계 정도는 가끔 말썽을 부려도 괜찮습니다.

저울 위에는 밥솥을 구입할 때 달려온 계량컵을 올려놓습니다. 쌀을 계량하기 위한 컵이지만 저는 흰 쌀이 아닌 검은 커피를 계량하고 있었군요. 커피를 진하게 마시고 싶은 아침에는 20g을, 조금 연하게 마시고 싶은 날에는 17g의 커피를 계량합니다. 커피는 생두를 검게 볶아놓은, 그러니까 로스팅 과정을 거친 원두입니다. 그리고 보니 원두를 담아두는 유리병에 들어있는 스푼도 어디선가 흘러들어온 것으로군요. 원두가 들어있는 유리병도 사용하지 않고 방치되어 있던 물건입니다.

더운 여름철에는 주로 아프리카가 고향인 원두를 삽니다. 아프리카에서 온 커피는 대체로 신맛에 더해 꽃향기 같은 냄새를 가지고 있거든요. 신맛의 커피는 얼음을 잔뜩 넣어 차갑게 마시면 열대야로 잠을 설쳐 깔깔해진 입안을 상쾌하게 해줍니다. 다른 계절에는 주로 브라질이나 에콰도르, 콜롬비아가 있는 남미에서 온 커피를 삽니다. 남미가 고향인 커피는 고소하고 달짝지근한 맛을 가지고 있습니다. 아! 모든 커피가 그렇다는 것은 아닙니다. 대체로 그렇다는 것이지요. 하지만, 이 정도만 알아도 '자네 커피를 좀 아는구먼!' 하는 이야기를 들을 수 있습니다. 커피 이야기가 나오면 아는 척할 때 하는 말이지요.

계량한 커피를 핸드그라인더에 부어 넣습니다. 이 그라인더도 제가 산 건 아니군요. 아내가 가깝게 지내는 언니의 남편이 커피용품 회사에 있습니다. 그분이 슬쩍 건네주길래 여태껏 잘 사용하고 있습니다. 이 그라인더는 머리에 있는 나사를 조절해서 원두의 분쇄도를 조절할 수 있습니다. 정확한 분쇄도를 표시하는 기능은 없어서 제 입에 맞는 굵기의 커피 가루를 만들 때까지 여러 차례 시행착오를 겪었습니다. 이제는 다시 풀어서 조정할 필요가 없이 입맛에 딱 맞는 굵기로 잘 갈아줍니다. 곱지도 않고 거칠지도 않으며 굵지도 않은 분쇄도입니다. 마치 어릴 적 찬장에 놓여 있던 곤소금이나 흑설탕의 굵기와 비슷할까요?

저울 위에 올려놓은 계량컵을 치우고 머그잔을 올려놓습니다. 커피 마실 때 사용하는 머그잔에는 글을 쓰고 있는 헤밍웨이가 그려져 있습니다. 한 서점에서 책을 샀을 때 개업 기념 사은품으로 받은 컵인데 글을 쓰면서 커피는 이 컵에 내려 마시기 시작했습니다. 물론 따뜻한 커피를 만들 때 이야기입니다. 차가운 커피를 만들 때는 서버라고 부르는 유리 주전자를 올려놓습니다. 그 위에는 깔때기를 닮은 드리퍼를 올려놓습니다. 드리퍼는 다알리아 꽃을 닮은 것 같아 제가 '딸리아'라는 별칭으로 부르는 파도 모양의 주름이 있는 커피 필터 한 장을 올려둡니다. 필터는 드리퍼 모양에 맞는 필터를 사용해야 합니다. 꽃을 닮은 이 필터의 진짜 이름은 '웨이브 필터'입니다.

이제 그라인더에 넣은 커피를 갈아야 합니다. 손잡이를 뱅글뱅글 돌리는 데 2분 정도 걸리지요. 원두가 가루로 바뀌는 동안에는 물을 끓입니다. 커피는 물맛이 아주 중요합니다. 같은 사람이 같은 방법으로 커피를 내렸더라도 물이 다르면 그 맛이 완전히 달라질 수 있습니다. 저는 정수기 물을 사용합니다. 가끔은 생수를 사용하기도 합니다만 그 맛이 다르긴 해도 아주 많이 차이가 나지는 않습니다. 하지만 수돗물로 내린 커피는 맛이 완전히 달라집니다. 수돗물이 가지고 있는 독특한 냄새와 특유의 맛이 커피에 섞여 원두가 가지고 있는 온전한 커피의 느낌이 줄어든다고 해야 할까요. 그 후로는 아주 특수한 경우가 아니면 반드시 정수기를 거친 물을 사용합니다.

물이 끓기 전까지 그라인딩을 마쳐야 합니다. '드륵, 드륵, 드르르륵' 하며 갈리는 그라인더 소리를 들으면서 천천히 아침 인사를 했던 창 앞으로 걸어갑니다. 창 앞에 서면 밖에서 들어오는 흙냄새 잔뜩 섞인 바람에 그라인더에서 솔솔 올라오는 커피 향이 섞여 아주 절묘한 아침 냄새가 만들어집니다. 비가 내리는 아침이면 더 진하게 느껴지지요. 이 '아침 냄새'는 기억 속 어딘가 남아 있는, 어릴 적 맡았던 어른에게서 나는 냄새입니다. 그 연유는 아직 찾지 못했지만, 매일 이 냄새를 반복해서 느끼다 보면 저 깊은 곳에 있던 어떤 하나의 기억이 꼬리를 물고 떠오르지 않을까 싶습니다.

커피가 다 갈릴 즈음 물이 끓습니다. 둘 중에 어느 하나가 먼저 끝나도 상관없습니다. 시간 차이는 크지 않습니다. 이제 가루가 된 커피를 드리퍼 위에 올려놓은 필터에 조심스럽게 부어 넣습니다. 그리고 가운데로 봉긋 올라온 커피를 가지런히 만들기 위해 오른손으로 드리퍼를 잡고 왼손으로 톡톡 쳐줍니다. 커피 필터에 부딪히는 거친 커피 가루는 '사각사각'하는 소리를 냅니다. 이 소리는 낡은 공책에 몽당연필로 글을 쓰는 소리와 비슷합니다.

끓여놓은 물을 가느다랗고 길쭉한 코를 가진 주전자인 드립 포트에 부어 넣습니다. 이 작은 주전자도 그라인더를 선물로 준 아내가 가깝게 지내는 언니의 남편이 건네준 것이군요. 그리고 보면 커피 한 잔을 마시기 위해서 사용하는 도구 중에 제가 직접 산 것은 몇 안 되는 것 같습니다. 아침의 경건한 사치를 위해서는 조금 더 돈을 들여야 하는 걸까요? 쓸데없는 생각은 접고 저울의 영점 버튼을 누릅니다.

여기까지는 커피를 직접 내려 마시는 다른 사람과 별반 차이가 없습니다. 하지만 이제부터는 사람마다 다를 수 있습니다. 커피를 내려 마시는 사람은 각자의 레시피를 가지고 있습니다. 이 말은 어떤 전문가는 이렇게, 또 어떤 전문가는 저렇게 하면서 그 방법이 정답이라고 말하지만, 실은 정답이 없다는 말이기도 합니다. 아니 각자의 방법이 모두 정답이라고 해도 되겠군요. 제가 만드는 커피의 정답은 이제부터입니다.

저울의 영점이 맞은 걸 확인하고 가루가 된 커피 위에 천천히 물을 부어 넣습니다. 왼손으로 저울의 타이머를 작동시키면서 오른손으로는 드립 포트를 들고 조심스럽게 시계방향으로 원을 그립니다. 그리는 원은 오백 원짜리 동전 크기 정도 됩니다. 물의 양은 40g을 맞춥니다.

대체로 원두 중량의 두 배의 물을 부어 넣으라고 하는데, 이것 역시 자기만의 정량이 있습니다. 어떤 사람은 50g을 넣기도 하고 어떤 사람은 처음부터 100g을 부어 넣기도 합니다. 그렇게 30초가 흐를 때까지 드립 포트를 내려놓고 잠시 기다립니다. 이걸 뜸 들인다고 말합니다. 갈아놓은 커피가 물을 잘 흡수하고 뱉어낼 수 있게 하는 것이지요.

뜸이 다 들었으면 30초 간격으로 60g의 물을 시계방향으로 원을 그리면서 천천히 부어 넣습니다. 이걸 세 번 반복합니다. 처음에 부은 40g과 세 번씩 부어 넣은 물은 220g이 됩니다. 이렇게 물을 부을 때, 볶은 지 얼마 지나지 않은 커피는 마치 빵이 부풀어 오르듯 엄청나게 부풀어 오릅니다. 그 모양이 예뻐 보이기도 합니다. 어떤 사람은 이 모양이 크면 클수록 원두의 신선도가 좋다고 말하기도 하지만, 그게 정답은 아닐 수도 있습니다. 신선하지 않은 커피도 많이 부풀 수 있고 신선한 커피가 전혀 부풀지 않을 수도 있습니다. 다만 크게 부풀어 오를수록 커피에 물을 부을 때 올라오는 향이 더 진합니다.

저울이 220g을 표시하고 타이머가 2분 20초가 되면 드리퍼를 치웁니다. 부어 놓은 물은 더 이상 떨어지지 않고 커피 가루는 물에 젖어 곤죽이 되어있습니다. 이제 가수를 할 차례입니다. 가수는 추출한 커피에 물을 추가로 부어 넣는 걸 말합니다. 이때 차가운 커피를 마시고 싶다면 커다란 유리컵에 얼음을 잔뜩 넣고 내린 커피를 모두 부어주면 됩니다. 뜨거운 커피가 차가운 얼음에 닿아 얼음은 반의반 정도가 녹아내려 아주 마시기 좋은 상태의 차가운 커피가 됩니다. 뜨거운 커피를 마시고 싶다면 뜨거운 물 100ml 정도를 부어 넣으면 됩니다.

조금 더 연하게 마시고 싶다면 120ml도 좋습니다. 커피의 총량은 약 300ml가 됩니다.

이렇게 아침의 커피 한 잔이 완성되었습니다. 완성된 커피를 식탁으로 옮기고 그라인더와 계량컵, 저울을 제 홈카페 선반에 정리합니다. 마지막으로 처음에 펼쳤던 싸구려 행주를 세로로 반을 접고 가로로 두 번을 접어 저울 옆에 올려둡니다. 행주를 접을 때마다 겸허하고 경건해지는 건 아마도 커피의 고향 때문일지도 모르겠습니다.

애초에 커피는 검은 대륙에서 시작됐습니다. 그곳에 사는 사람의 피부색처럼 말이지요. 조금은 투명해 보이기도 하는 커피는 그래서 그들의 피부색과 더욱 비슷해 보입니다. 더운 나라에서 온 커피를 산산이 조각내는 것도 모자라 펄펄 끓는 물을 부어 향기를 맡고 음미하는 일이 괜스레 미안하기도 합니다. 혹자는 커피 농장의 노동자가 정당한 대가를 받으며 재배하고 수확한 커피를 일컫는 공정무역 커피를 마시는 게 그들에게 도움이 된다고 합니다. 다른 혹자는 그렇게 하는 일이 큰 의미가 없는 일이라고 말하기도 합니다. 누구는 이런저런 생각 없이 습관적으로 커피를 마시기도 합니다. 저는 매일 한두 잔의 커피를 마시지만, 딱히 어떤 생각을 가지고 있지는 않습니다. 다만 아침에 마시는 한 잔의 커피는 하루를 경건하게 시작하는 어떤 시작점입니다.

오늘 아침에도 커피 한 잔을 내리며 경건한 마음으로 하루를 시작했습니다. 검은 대륙에서 와서, 검은 눈물을 흘리는 것인지 모를 커피 한 잔을 말이죠.

부산행 비둘기호

조성진

도계道界의 긴 터널을 빠져나온 기차 밑바닥은 검고 어두웠다. 여행이 아니다. 탈출도 아니고 도망은 더더욱 아니었다. 잡념으로 가득 찬 머릿속을 정리하고 돌아와 공부하려는 계획이었다. 절대로 가출이 아니었다.

셋은 언제나 붙어 다녔다. 태상이 집에 태상이 없어도 그 집에서 잠을 잤고 영재 집에 영재가 없어도 밥을 달라고 해서 먹었다. 서로의 가족과 하는 식사가 더 많은 날도 있었다. 서로의 가족이 서로를 가족처럼 생각했다.

고1에서 고2가 되는 사이에 있는 짧은 기간. 어른도 아이도 아닌 어정쩡한 시기. 이름은 따뜻한 봄방학이지만 서울대학교를 따라 흐르는 뒷산 계곡의 겨울은 녹을 생각을 하지 않고 있었다. 일주일 남짓을 영재 집에서 비디오를 보며 빈둥거리다가 라면으로 점심을 먹으며 지나

산 영화 「영웅본색」을 보고 있었다. 한 녀석이 '이제 2학년이 되는데 대학교는 가야지'라는 말로 운을 뗐다. 내가 했던 말인지도 모른다. 라면 가닥을 입에 물고 곰삭은 김치를 찢어발길 때 비디오에서는 성냥개비를 입에 문 주윤발이 쌍권총을 난사했고 우리는 공부를 언제부터 어떻게 시작할지 따위의 이야기를 난사했다.

공부할 계획을 세웠다. 하지만 그 전에 해야 할 일이 있었다. 공부 못 하는 놈들이 책상에 앉아 하루 종일 책상 정리만 하는 것처럼 우리도 본격적으로 공부하기 전에 머릿속에 있는 걸 정리해야 했다. 정리는 바다를 보며 해야 한다는 결론. 그리고 이 모든 일은 아무도 모르게 하자였다. 완전히 바뀐 우리 모습을 부모님께 깜짝스럽게 보여주어야 한다는 거창하고 뚜렷한 목표가 생겼다.

디데이다. 광화문 교보문고에 다녀온다는 자연스러운 인사를 하고 집을 나섰다. 돈은 한 사람이 관리하기로 했다. 태상에게 가지고 있는 모든 돈을 건넸다. 영재는 아버지가 무서워 아무래도 함께하기 어렵겠다고 했다. 쩨쩨한 녀석. 영재 아버지의 무서움을 알고 있어, 그렇게 하라고 했다. 단, 절대로 입을 열어서는 안 된다는 다짐을 받았다.

영재는 봉투 두 개를 내밀었다. 하나는 천 원짜리 몇 장, 다른 하나는 정리해야 할 생각을 적어놓은 쪽지. 부산 바다에서 쪽지를 태우거나 찢어 날려달라는 부탁이었다. 영재와 굳은 악수를 하고 돌아섰다. 첫 목적지는 용산역이었다. 정확한 기차 시간을 알아둬야 했다.

용산역은 휴가를 나오고 들어가는 군인으로 가득했다. 밤 기차를 타고 아침에 부산에 도착하면, 바다에 들렀다가 바로 기차를 타고 서울로 돌아올 계획이었다. 통일호도 탈 수 있을 만큼의 여유는 있었지만, 우리는 밤새 달려 아침에 도착하는 비둘기호가 필요했다. 요금은 3천 원 안쪽. 출발 시각 밤 9시 35분. 도착 예정 시각 아침 7시. 계획대로 다음 날 저녁 8시쯤에 용산역으로 돌아올 수 있었다.

시간을 보내려고 교보문고를 찾았다. 교보문고에서 이리저리 돌아다니다가 명리학 코너에서 사주책을 뽑아 들고 내 사주에 맞춰 페이지를 열었다. '구변청학狗變靑鶴' 개가 변해서 학이 되는 격이니 초년에는 일신이 한가롭다고 했다. 아무리 공부를 안 했기로서니 개는 아닌 것 같은데 말이다. 중년에는 학처럼 고고한 선비가 된단다. 대학교에 떡하니 합격한다는 말로 해석했다. 하지만 지금은 무척 배가 고픈 개였다. 오늘 내가 먹은 건 뭐가 있는지 기억을 더듬었다. 아침은 늦잠을 자느라 건너뛰었고 점심으로 서너 숟갈 뜬 게 전부였다.

세종 지하도 한쪽, 교보문고에 갈 때마다 들러 냄비우동을 먹곤 했던 분식점이 있었다. '해태의 집'. 라면, 우동 따위를 파는 곳인데 냄비우동이 맛이 좋았다. 곁들여 나오는 투박하게 썰어 놓은 섞박지에 가까운 깍두기는 아삭과 물컹, 새콤과 달콤 사이를 가로지르는 맛이 절묘했다. 지척에 두고 참을 수 없었다. 하지만 메뉴는 제일 저렴한 라면 두 개. 적절한 타협이었다. 태상은 배고픔을 견디려면 많이 먹어둬야 한다면서 라면 국물까지 다 마시고도 깍두기를 거푸 입에 넣고 우적거렸다.

배가 차니 주변이 보였다. 분식점 구석에 매달려 있는 TV에서 인신매매 뉴스가 나오고 있었다. 사람을 잡아다가 남자는 새우잡이 배에 팔고 여자는 술집이나 사창가에 팔아버린다는 뉴스. 세상의 흉흉함보다 그 세상을 탓하는 어른들의 혀 차는 소리가 더 크게 들렸다. 라면보다 깍두기를 더 많이 먹은 태상이 라면값을 계산했다. 이제 시간에 맞춰 기차 타는 일만 남아 있었다.

날이 저문 용산역 광장의 겨울 하늘은 빨간 불빛이 뒤섞여 어지러웠다. 군인 오빠를 향해 쉬었다 가라고 흰 손을 흔들며 외치는 입술 붉은 누나, 흔들리는 손만큼 비틀거리는 군인, 그 사이로 줄지어 지나는 헌병의 군화와 호각 소리에 어깨가 움츠러들었다. 저 누나들 중에 인신매매로 잡혀 온 사람도 있지 않을까 싶었다. 봉고차가 지날 때는 누군가를 노리고 태워 가지 않을까 하는 생각을 하며 걷고 있을 때, 태상이 갑자기 걸음을 멈췄다.

"성진아, 괜히 무섭다. 집에 전화는 하고 가자."

아무도 모르게 다녀와서 변한 모습을 보여주기로 했는데 동의할 수 없었다. 말릴 새도 없이 태상은 공중전화에 동전을 넣었다.

"엄마, 나 성진이랑 부산에 갔다 올게. 아니, 뭘 좀 할 게 있어서 그래. 끊어!"

태상은 일방적으로 말을 던지고 전화를 끊었다. 수화기가 넘어왔다.

"너도 해."

짧은 시간에 머릿속에서 시나리오가 그려졌다. '태상의 어머니는 우리 집으로 전화할 거다. 다음으로 영재를 불러낼 거다. 어차피 한 명의 집에서 알게 된 다음에 달라질 건 없다. 괜찮다. 나는 곧 기차를 타고 떠날 거니까.' 머릿속에 그려진 시나리오를 정리하며 집 전화번호를 눌렀다.

"엄마, 나야. 태상이랑 부산에 갔다 올게. 그냥이야 그냥. 영재? 영재는 안 가!"

"뭐? 부산? 왜?"

엄마 목소리를 들으며 전화를 끊을 때, 수화기 속에서 아버지 목소리가 들렸다.

"…부산? 돈은 있대? 집에 와서 돈 가져가라 그래!"

자! 됐다. 이제 가자!

비둘기호는 지나는 모든 역에 정차한다. 완행이라고 부르던 비둘기호. 기차 등급 중 가장 낮은 기차다. 기차에 오르기 전, 매점에 들렀다. 양이 가장 많은 양파링 한 봉지와 맛은 떨어지지만 가장 든든한 다이제스티브 하나를 샀다. 밤새 아니 내일 점심시간까지 버텨야 할 소중한 식량이었다. 태상이와 돈을 조금 나눴다. 비상금이다. 지폐를 접고 또 접어 운동화 깔창 아래에 끼워 넣었다. 누가 위협하면 태상이가 돈을 내주고 내 신발 깔창 아래 비상금으로 집으로 돌아가야 했다.

좌석이 정해져 있지 않은 기차. 객차 계단에 오르는 순간부터 짙은 소독약 냄새가 섞인 지린내를 맡았다. 내 뒤에 붙은 지린내가 객실까지 따라왔다. 하지만 냄새를 피해 객차 중간에 자리를 잡을 수 없었다. 여차하면 바로 튀어 나갈 생각을 해야 했다. 화장실 옆 출입문 앞 첫 번째 좌석에 자리를 잡았다.

용산발 부산진행 비둘기호는 날카로운 비명 같은 쇳소리를 내며 출발했다. 모든 역에 정차하는 기차는 속도를 제대로 내지 못했다. 전철보다 느린 기차는 노량진, 대방, 신길을 지나 영등포에 정차했다. 영등포역에서 제법 많은 사람이 객차에 올랐다. 벙거지 모자에 검정 비닐봉지를 든 아저씨, 통기타를 메고 기차에 오른 대여섯, 우리보다 어린 날라리 둘, 그리고 특징 없는 몇몇 사람들.

기차에 오른 사람들이 객차와 객차 사이를 오가며 자리를 잡느라 잠시 혼란했지만, 곧 안정을 찾았다. 통기타 무리는 객차 통로 반대쪽 끝에 자리를 잡았고, 날라리 둘은 우리 좌석 건너편에 자리를 잡았다. 형으로 보이는 아이는 양쪽 머리카락을 귀 뒤로 바짝 붙여 넘긴 최신 유행 헤어스타일이었지만, 흰 먼지가 잔뜩 붙어있는 검정 양복을 한 벌로 입고 있었다. 자리에 앉자마자 객차 바닥에 침을 뱉고 꺾어 신은 구두로 쓱쓱 문지르며 담배에 불을 붙였다. 동생으로 보이는 아이도 함께 담배를 피웠다. 중학생쯤으로 보이는 두 아이는 '존나'와 '씨팔'을 접두어로 붙인 대화와 함께 담배 연기를 뱉어냈다. 그들과 괜한 시비가 붙지 않기를 바랐다.

기차는 두 시간 정도를 달려 수원을 지났다. 수도권을 벗어나서일까. 기차는 여전히 모든 역마다 섰지만 타고 내리는 사람의 수가 줄었다. 날라리가 시비를 걸면 통기타에게, 통기타와 시비가 붙으면 날라리에게 도움을 청하자고 태상과 속닥거리며 의견을 모았다.

벙거지 모자 아저씨가 봉지에서 소주를 한 병 꺼내 홀짝였다. 침이 말랐던 걸까. 날라리 두 명이 아저씨가 있는 자리로 옮겼다. 주고받는 이야기가 의자를 타고 넘어왔다. 자신은 서울에 있는 대학교에 다닌다. 지금 학업으로 지쳐 술이 고프다. 그러니 그 소주를 나눠마시자. 감쪽같이 명확한 논리였다. 벙거지 아저씨는 짧게 망설였지만 날라리 형제와 자리를 함께했다. 형제는 담배를 건넸고 아저씨와 맞담배를 피웠다. 한 병뿐인 소주는 세 명의 목구멍으로 휘발되듯 사라졌다. 날라리는 기차를 돌아다니는 홍익회 수레에서 맥주를 사달라고 했고, 아저씨는 허리춤에서 꺼낸 돈으로 계산했다. 낯선 사람에게 맥주를 사주는 벙거지 아저씨가 진정한 홍익이라고 생각했다. 그 모습을 흘끗거리며 보고 있던 태상이 이런 말을 했다.

"잘 봐라. 저 벙거지 아저씨는 옛날에 쟤네들처럼 껄렁거리는 날라리였을 거다. 쟤네들이 어른이 되면 저 아저씨처럼 될 게 틀림없지. 저렇게 되지 말자. 우린 돌아와서 열심히 공부하자."

앉은 채로 잠시 졸았나 보다. 열차 안이 시끄러워 고개를 들었다. 화장실을 다녀오던 날라리와 통기타 사이에 시비가 붙었다. 통기타 무리가 기타를 치며 노래를 불렀고 날라리가 조용히 하라고 했다. 그게 이유였다. 자칫 전면전으로 번질 뻔했지만, 무리 중 하나의 중재로 잦아들었다. 날라리는 아저씨가 있는 자리로 돌아왔고 통기타의 자조 섞인 짧은 욕설 한 마디로 소동은 끝났다.

소동이 있는 사이 대전에 도착했다. 후속 열차를 보내야 한다며 25분간 정차한다는 방송이 나왔다. 밤 1시 30분, 출발한 지 네 시간이 지나고 있었다. 대전역 플랫폼에 있는 작은 부스에서 우동을 팔았다. 25분이면 충분한 시간이었다. 태상이 자리를 지키고 내가 우동을 사 오기로 했다.

사람들이 한꺼번에 몰렸다. 광장에 뿌려진 빵가루를 주워 먹는 비둘기처럼 모여 있는 사람 사이를 비집고 들어가 두 그릇을 받아 들었다. 한 손에 하나씩. 뒤로 돌아서면 엎지를 것 같았다. 허리를 쭉 빼고 허벅지에 힘을 주고 뒷걸음질로 엉덩이를 디밀면서 부스를 벗어났다. 찰랑이는 우동 국물에 엄지손가락이 빠졌지만 뜨거움을 느낄 새도 없었다. 김이 오르는 우동을 얼른 내 뱃속으로 밀어 넣어야 했다.

다시 기차에 올라 태상에게 한 그릇을 건네고 우동에 젓가락을 담가 휘휘 저었다. 후루룩. 툭툭 끊기는 면발과 짭조름한 육수. 뱃속이 따뜻해졌다. 포만감을 느끼며 태상과 눈이 마주쳤다. 녀석은 이미 국물까지 다 마신 후였다. 그때 객차 끝에서 쌍소리가 날아다니기 시작했다. 통기타와 날라리 사이의 2차전이었다. 우당탕과 와장창, 그 중간쯤의 소리도 들렸다. 국물을 마시고 자리를 옮겨야 할지, 자리를 옮기고 국물을 마셔야 할지 갈등하며 우동 그릇에 고개를 박았다. 그때 누가 내 어깨를 쳤다.

'툭!'

고개를 들고 태상을 봤다. 녀석을 10년을 넘게 봤지만 그렇게 눈이 커진 건 처음이었다. 태상의 시선이 머무는 곳, 그러니까 내 옆에 서서 어깨를 툭 건드린 사람을 향해 고개를 돌렸다. 시커먼 남자가 나를 내려다보고 있었다. 그리고 씨익. 가지런한 흰색 치아가 보였다. 국물만 남은 그릇과 놀란 눈을 뜨고 있는 태상을 번갈아 봤다. 찰나는 더뎠다.

'누굴까. 누구지? 낯설지 않은데, 어디선가 본 사람인데, 어디서 봤지? 두려운 사람은 아닌데, 그런데 누구지?'

객차 반대편 끝에서는 쌍소리와 고성이 오갔고 기타가 부서졌는지 나뭇조각이 날아다녔다.

"일단 내리자."

옆에 서 있는 시커먼 남자의 첫 마디였다. 태상이 주섬주섬 일어났고 덩달아 나도 우동 그릇을 바닥에 내려놓고 태상의 뒤를 따랐다. 플랫폼에 내려서자, 2월 말 대전역의 차가운 밤공기가 내 뺨을 정신없이 때렸다. 그제야 정신이 났다.

'아! 아버지.'

용산역에서 집으로 전화할 때 분명 아버지는 집에 있었다. 수화기 너머 돈을 더 가져가라는 목소리는 분명 아버지였고 나는 기차를 타고 대전에 왔다. 그런데 어떻게 아버지가 대전에 있을까?

플랫폼에 걸린 하얀 시계는 밤 2시를 지나고 있었다. 비둘기호는 그대로 떠났다. 텅 빈 플랫폼. 우동 부스에서 더 이상 더운 김이 오르지 않았다. 거짓말처럼 서울로 가는 막차가 있었다. 무궁화호는 서울까지

2시간이 채 걸리지 않았다. 대전은 멀지 않았다.

집으로 돌아와 내 방에서 태상과 함께 쓰러지듯 잠을 잤다. 눈을 뜨자마자 태상은 밥도 안 먹고 집으로 갔다. 아버지는 출근했고 엄마는 아무 말이 없었다. 오후 3시쯤 됐을까. 엄마가 장을 보러 가야 하니 따라나서라고 했다. 말 한마디 못 하고 엄마 뒤를 쫄래쫄래 따랐다. 엄마는 귤을 한 봉지 샀다. 그리고 태상이 어머니가 운영하는 시장 한편에 있는 한복집으로 들어갔다. 태상, 영재, 나, 그리고 셋의 어머니가 모였다.

'언제부터 모의했는가, 어디를 가려고 했는가, 누가 먼저 시작했는가, 왜 가려고 했는가…'

질문이 시작됐다. 아니, 육하원칙에 입각한 심문이었다.

태상의 전화를 받은 어머니는 아들이 인신매매에 잡혀간다고 소리를 질렀다. 그 소리를 듣고 태상의 누나가 영재에게 전화했다. 같은 시간에 나와 통화를 마친 엄마는 수화기 너머 낯선 남자의 목소리가 들렸다는 얘기를 아버지에게 하며 태상이 어머니와 통화를 했다. 통화를 마친 엄마는 한복집으로 뛰었고, 동시에 영재 어머니는 영재 귀때기를 잡아끌었다. 한복집에 모인 세 어머니는 영재를 가운데 앉혀 놓고 취조를 시작했지만, 영재는 약속대로 입을 꾹 닫았다.

"저는 아무것도 모릅니다."

하지만 어머니 중 하나가 인신매매 이야기를 꺼내는 순간 영재는 겁이 났다. 그리고 술술 불었다. 어머니들의 승리였다.

아버지는 엄마가 한복집으로 뛸 때 서울역에 전화해 새마을호 출발 시간을 알아냈다. 서울, 수원, 대전, 김천, 대구, 부산 도착 시간을 적었다. 그리고 용산역에 전화해 내가 타려는 비둘기호가 그 역에 도착하는 시간을 나란히 적었다. 새마을을 타고 비둘기를 잡으려고 했다. 아버지가 서울역에 도착했을 때는 매표소 앞에 줄이 길었다. 제일 뒤에 서 있던 아버지는 순서를 기다리다가 앞으로 튀어 나가 이렇게 외쳤다.

"지금 우리 아들이 인신매매한테 잡혀가고 있습니다! 죄송합니다! 먼저 표를 끊겠습니다!"

앞서 있던 모든 사람이 순서를 양보했다.

아버지의 새마을호는 우리의 비둘기호를 성환이나 천안쯤에서 앞질렀던 걸로 보인다. 아버지 기차는 이미 대전에 도착했고 내 기차는 언제 올지 알 수 없었다. 아버지는 대전역 플랫폼에서 담배를 한 갑이나 태우면서 이렇게 빌었다.

'무슨 일이 생겨도 좋으니 기차 안에만 있기를….'

내가 탄 비둘기호가 대전역에 도착한 건 새마을호가 도착하고 두 시간이 지나서였다. 아버지는 제일 뒤에서 기차에 올라 모든 객차를 살필 계획이었다. 그 순간을 아버지는 이렇게 술회한다.

"비둘기호 제일 끝 칸에 올라타서 기차를 다 뒤질라고 그랬거덩? 근데 뒤통수가 잘생긴 놈이 우동 두 그릇을 들구 타더라구. 두 놈이 우동을 먹는데 허겁지겁이야. 먹는 데 아는 척하면 체하겠더라구. 일단 다 먹을 때까지 기다렸거덩. 근데 싸움이 났어. 첨엔 녀석들 몰래 부산까지 따라갈라 그랬거덩? 근데 싸움이 커졌어. 가서 아는 척을 했지. 근데 이놈이 나를 못 알아보는 눈치거야. 껄껄."

셋은 모두 대학교를 한 번에 가지 못했다. 수년 후 겨울, 셋은 다시 부산행을 계획했다. 그때보다 주머니에 여유도 있었다. 필연이었는지 이번에도 영재는 출발 직전에 아버지 건강이 악화되어 함께 가지 못했다. 다시 태상과 둘만 기차를 탔다. 해운대 계단에 앉아 양파링을 안주 삼아 소주잔을 기울였고, 태종대에 도착해서 그때 못 먹은 다이제스티브를 먹었다. 등대에서 차가운 바람에 콧물을 훌쩍이며 찍은 사진이 한 장 남아 있다.

영재는 착하게 살아서 그런지 목사가 됐다. 태상은 몇 해 전 먼저 다른 세상으로 갔다. 흰 가루가 된 녀석에게 셋이 함께 찍은 중학교 졸업 사진을 넣어줬다. 돌아오는 명절에는 영재와 함께 태상이를 만나러 갈까 한다.

중간 지대 사람들

조정임
cji5945@hanmail.net

며느리에게서 전화가 왔다. 겨울방학을 맞아 아이들을 데리고 딸기 농장에 가기로 했단다. 같이 가겠느냐는 제안에 단번에 오케이 사인을 보냈다. 올망졸망 익어가는 탐스러운 딸기를 직접 따보고, 현장에서 먹어볼 수 있다는 것은 생각만 해도 흥미진진한 일이다. 그 즐거운 일을 예쁜 손주들과 함께한다는 솔깃한 조건은 더욱 마음을 사로잡았다.

남양주시 운길산 아랫자락에는 딸기를 재배하는 농가가 많고, 체험학습 프로그램을 운영하는 농장들도 있다. 그중에 우리가 간 곳은 너른 북한강이 아름다운 물결을 이루고, 철 따라 가지가지 예쁜 꽃을 피워내는 물의 정원과 인접해 있다. 농장 이름은 '더 드림'이었다. 규모가 꽤 컸고 간단한 놀이기구도 갖춰져 있다. 딸기 따는 체험과 딸기 아이스크림, 잼 만들기 등의 체험학습을 진행했다.

약속된 시간이 되자 여러 팀이 모였고 관계자로부터 설명을 들었다. 각자 네모 난 팩을 하나씩 받아 들고 안내에 따라 농장으로 들어갔다.

깨끗하게 정돈된 비닐하우스 안에는 바깥 날씨와 상관없이 딸기들이 주렁주렁 매달려 앞다투어 빨갛게 익어가고 있었다. 어른들은 하나라도 더 담아가고 싶은 마음에 크고 작은 것을 섞어가며 그릇을 야무지게 채웠다.

아이들은 어린이집과 유치원을 다니며 가끔 해본 경험이 있어서일까. 처음 몇 개를 딸 때만 재미있어하더니 그 흥미가 작은 상자 하나를 채우기도 전에 사그라지는 듯했다. 그들의 관심은 이미 방방장이라 불리는 트램펄린에 가 있었다. 그런데 안타깝게도 초등학생은 이용할 수 없었다. 놀이기구가 키즈카페에 있는 것처럼 크지 않아, 큰 아이들이 뛰면 작은 아이들이 튕겨 나갈 위험이 있기 때문이었다.

1학년인 새봄이와 온유가 몹시 아쉬워했다. 그 모습을 지켜보던 마음씨 좋은 사장님은 사람이 많지 않으니, 비어 있을 때 잠깐잠깐 이용해도 된다고 귀띔해 주었다. 둘은 옆에 가서 지키고 있다가 아무도 없으면 얼른 올라가 뛰다가, 아기들이 올라오려 하면 재빨리 뛰어 내려오기를 반복하며 나름 재미있게 놀았다.

그런 그 아이들을 보고 있자니 우습기도 하고, 작은 아이들 틈에도 끼지 못하고 그렇다고 큰아이들 무리에 들지도 못하는 어정쩡한 모습이 안쓰럽기도 했다.

지하철에는 일반석, 노약자석 그리고 분홍색 임산부석이 있다. 언제 어디서든 표 안 나는 임신부가 타더라도 앉을 수 있도록 그 자리는 비워두는 것이 맞다고 생각한다. 그러나 빈자리가 많을 때는 그 자리도

비어 있지만, 그렇지 않을 때는 아줌마 임신부, 아저씨 임신부, 심지어는 총각 임신부까지도 앉아 있다. 자리를 비워두기 아까우니 앉아 있다가 당사자가 올 때 일어나면 된다는 마음이겠지. 하지만 "저 임신부인데요, 비켜주세요."하고 말할 수 있는 사람이 있을까? 뜻이 있어 마련된 자리인 만큼, 임산부가 언제든지 눈치 보지 않고 당당하게 사용할 수 있도록 비워두어야 한다.

나이가 칠십을 바라보는 데다가 동안 측에도 들지 않는 나는 노약자석 앞에서 쭈뼛쭈뼛하던 것도 옛말이 되었다. 언제부턴가 자연스럽게 앉는다. 양쪽을 넘나들 수 있는 편리함을 특권 인양 은근히 즐긴다고나 할까? 물론 일반석에 빈자리가 많을 때는 그 자리에 앉지만, 일반석이 몇 자리 없을 때는 자연스럽게 노약자석을 이용한다. 이 또한 나보다 나이가 훨씬 더 많아 보이거나 힘들어 보이는 사람이 올라오면 양보한다는 조건에서다.

사람들은 요즈음 젊은이들이 양보할 줄 모른다고 나무라기 일쑤다. 그러나 그들은 양보에는 인색할지 몰라도 노약자석을 침범하지 않는다. 그들의 논리는 명확하다. "노약자는 노약자석에 앉으면 된다." 하지만 어중간한 노인들은 자기들을 위한 배려석을 비워둔 채, 오히려 일반석을 먼저 채운다. 종일 학교와 직장에서 시달린 젊은이들을 앞에 세워둔 채 말이다. 양보해야 하는 상황에서 모른 척하는 것은 잘못된 일이지만, 자리를 만들어 주었음에도 그 자리를 비워두고 지친 젊은이들의 자리를 차지하는 것도 지양해야 한다고 생각한다.

교회에 갔다가 귀가하려고 상봉역에서 지하철 중앙선을 탔다. 평일 같으면 사람이 많을 시간이었지만, 일요일인 데다 눈비까지 내려 차 안이 여유로웠다.

눈이 먼저 간 일반석은 빈자리가 없었다. 반면 노약자석에는 한 사람만 앉아 있고 빈자리가 여럿 있었다. 자연스럽게 노약자석에 가서 앉았다. 일반석 쪽을 바라보니 자칭 나는 아직 젊어서 노약자석에 갈 수 없다는 노인들이 더러 앉아 있었고, 젊은이들이 그 앞에서 천정에 매달린 손잡이를 붙잡은 채 지친 몸을 배배 꼬고 있었다. 그렇지 않아도 힘든 세상을 살아내느라 애쓰는 그들에게 미안한 생각이 들었다.

젊은것들이 어떻다며 그들만 나무랄 것이 아니다. 한 집안의 고부갈등도 결국 아들이자 남편의 중간 역할에 달려 있듯이 모든 일에서 중간 지대에 있는 사람들이 역할을 지혜롭게 잘하는 것이 사회를 원활하게 운영하는 데 중요한 요소가 아닐까. 작은 것에서부터 실천하는 질서 의식이 필요할 때다. 어리지만 자기들의 처지를 금방 깨닫고 제 역할을 똘똘하게 해내던 내 손녀들처럼.

어미 닭의 슬픔

조정임

　복날 아침, 닭장에서 비명이 요란했다. 평생 일 욕심 많은 남편이 자기 따라 사느라 애쓴다고 내게 복달임이라도 해주려나! 그러나 한동안의 소란은 아무런 결과 없이 사그라들고 말았다.
　나는 가평의 농장에서 알을 낳는 닭 세 마리를 기르고 있다. 며칠 전부터 사료를 주러 갈 때마다 그중 한 마리가 둥지 안에 얌전히 앉아 있었다. 몇 번은 산란 중이려니 했지만, 사나흘 동안 똑같은 모습이었다. 이상한 생각이 들어 강하게 저항하는 닭을 억지로 쫓아내고 보니 알을 품고 있었다.
　자연 부화(孵化)는 따뜻한 봄에 이루어진다. 그것은 사람이 억지로 할 수 없는 그들만의 영역이다. 닭이 스스로 품어야 병아리를 얻을 수 있다. 사람이 할 수 있는 일은 알을 품으려고 하는 닭의 의사를 빨리 알아차리고 적당한 양의 유정란을 넣어 주는 것 뿐이다. 온도가 맞아야 부화가 된다는 것을 어떻게 알았는지 어미 닭은 알이 춥지 않도록 이리저리 굴려주며 이십여 일을 지극정성으로 품어 새 생명을 탄생시킨다.

요즈음은 가정용 부화기를 사용하기도 하는데 적정 온도는 사람의 체온보다 1도 높은 37.5도이며, 보통 때는 40~50%의 습도를 유지한다. 하지만 알을 깨고 병아리가 나올 때는 70%의 습도가 필요하다고 한다. 그렇게 태어난 병아리는 따뜻한 육추기로 옮겨져 1개월 정도 자라다가 세상 밖으로 나온다.

어릴 적, 지혜롭고 부지런한 엄마는 양계장에서인지 부화장에서인지 물기 갓 마른 병아리를 몇십 마리씩 사 왔다. 안방에 상자를 놓고 전깃불을 밤낮으로 켜 놓은 채 병아리를 키웠다. 알전구로 전깃불을 많이 켜 놓았던 이유는 온도를 높여 따뜻하게 해주기 위함이었을 것이다. 수십 마리의 예쁜 병아리가 잠시도 쉴 새 없이 짹짹거리며 잠을 깨우던 그 상자 집이 지금의 육추기였던 셈이다.

우리 닭이 알을 품은 시점은 이미 덥고 습한 여름으로 접어든 때였다. 이 시기에 과연 부화될까, 싶으면서도 욕심과 호기심이 발동했다. 원래 병아리를 자연부화 시켜 키워 보고 싶은 마음이 간절했지만, 뜻대로 되지 않아 아쉬웠던 차였다.

마트에 가니 유정란 열 개짜리와 열다섯 개짜리가 있었는데 내 손은 열다섯 개짜리를 집었다. 품고 있던 무정란 세 개를 힘겹게 빼내고 내가 사 온 유정란을 넣어 주었다. 우리 집에는 수탉이 없어서 그들이 낳은 알은 무정란이었다. 그런데 예기치 않던 문제가 생겼다. 다른 닭들이 알을 품고 있는 닭 옆에 가서 평소처럼 계속 알을 낳았고, 어미 닭

겨울밤 자장가 같은   233

은 그 달걀들까지 끌어다가 품기 시작했다.

그러니 알의 양이 많아질 수밖에 없었다. 품속에 다 들어가지 못하니 온도 유지가 어려웠다. 다른 곳에 둥지를 새로 만들어 주고 아무리 그쪽으로 유도해 봐도 닭들은 여전히 그 자리에 가서 산란했다.

머리 회전이 둔한 사람을 일컬어 닭대가리라는 표현을 쓰는데 그 이유를 실감했다. 하지만 자식을 지키려는 본능만은 얼마나 강한지, 물과 사료를 먹는 일로도 자리를 뜨는 모습을 본 적이 없다.

결국 병아리 부화는 실패로 끝이 났다. 욕심이 지나치면 화를 부르는 법이다. 그 닭이 보통 닭과 청계가 혼합된 품종이라 엉덩이가 작다는 것을 미처 고려하지 못한 채 열다섯 개나 되는 알을 넣어 주었으니 어찌 다 품을 수 있었겠는가. 계절에 맞지 않은 것이 문제였고 새로 낳은 알이 섞인 것도 실패의 원인이었겠지만, 무엇보다 더 많은 병아리를 얻겠다는 내 욕심이 가장 큰 원인이었다. 어미 닭에 슬픔만 안긴 꼴이 되었다.

열다섯 마리의 새끼를 사산한 어미의 마음일까. 어미 닭은 죽은 알을 빼앗기지 않으려 모든 힘을 다해 주인과 싸운 것이다. 그 닭이 올해의 아픔을 모두 잊고 따뜻한 봄날 다시 한번 알을 품어 주기를, 그래서 개나리꽃처럼 노랗고 예쁜 병아리를 내 뜨락에 안겨 주었으면 하고 바라본다.

그러면 나는 예쁜 병아리들을 쥐가 물어가지 않게, 솔개가 채가지 못하도록 싸리나무를 곱게 엮어 고깔 집을 지어 줄 테다.

화실 안에서 바라본 바깥 풍경

이덕란
nica2020@naver.com

우리 집 반려견 머루와 산책길에 가끔 지나치는 상가건물의 앞면 유리에는 '김선영 화실'이라는 작은 간판이 걸려 있었다. 그 아래에는 크고 작은 그림 액자들이 여러 개 걸렸다. 그곳을 지날 때면 그림을 보다가 가게 안이 궁금해 기웃거리고는 했다.

그날도 앞서가는 강아지를 따라 걷다가 화실 앞에 잠시 멈추었다. 그런데 가게 문 위쪽에 성인 취미 미술, 수채화, 아크릴화, 유화, 연필 드로잉이라고 쓰인 작은 현수막이 걸려 있었다. 주변에서 어린이 미술학원이나 입시생을 위한 미술학원은 보았지만, 어른들만을 위한 미술학원은 처음 보았다.

휴대전화로 현수막 사진을 찍고 막 돌아서려는데 비어 있는 줄만 알았던 화실 문이 열리면서 한 여성이 나왔다. 마치 무엇을 훔쳐보다가 들킨 사람처럼 강아지 목줄을 당기며 뒷걸음질 치는 나에게 그녀는 들어와서 그림을 봐도 좋다고 했다.

그를 따라 들어간 화실 안쪽에는 그림을 그리던 중이었는지 내 키보다 높은 이젤 위에 올려져 있는 커다란 캔버스에 핑크 장미 두 송이가 그려져 있었고, 그림 아래에는 물에 비친 듯 물감이 번진 듯 오묘한 빛으로 꽃 그림자가 표현되어 있었다.

그가 내려준 커피를 마시면서 그림을 보다 보니 금방이라도 다정한 연인이 손을 잡고 걸어들어올 것만 같은 어느 여름날의 자작나무 숲길이 눈에 들어왔다. 황톳길 양옆으로 길게 늘어선 자작나무 그림자가 길 아래 호수 물결에 일렁이고 있었다.

쌍꺼풀진 반달눈으로 웃고 있는 김선영 화가는 이 동네로 이사 온 후 이곳에 화실을 낸 지 일 년쯤 되었다고 했다. 늘 남편에게 손을 벌리는 것이 미안해 고민 끝에 화실 운영비라도 마련하려고 수강생을 모집 중이라고 했다.

그날 화실에서 커피 한잔을 얻어 마신 후 무엇에 홀린 듯 다음 주 월요일부터 나오겠노라고 약속하고 화실을 나섰다. 그리고 그림을 배우러 간 첫날, 작가는 이젤에 스케치북을 올려놓더니 그 앞에 나를 앉히고 4B 연필로 위에서 아래로 선을 긋는 시범을 보여 주었다. 자를 대고 그린 듯이 반듯하게 내려가는 작가의 선 긋기를 보면서 죽죽 긋는 선쯤이야 생각했지만, 나는 지렁이가 기어간 것 같은 곡선을 그리고 있었다. 하지만 이젤 앞에 앉아 선을 긋는 그 순간이 꿈만 같았다. 그렇게 화실에서 다양한 선과 둥근 공(球)을 그리는 동안 두 주가 흘렀다.

셋째 주에는 연필 드로잉 중에서 가장 어렵다는 사과를 그리는 작업을 시작했다. 동그란 원을 그리고 3등분으로 나눈 후 윗부분의 삼분의 일 지점 가운데쯤에 꼭지 부분을 표시하고 가로 새로 선을 수없이 그어 빛과 어둠을 표현하는 작업이었다. 이 사과만 제대로 그릴 줄 알면 모든 그림을 다 그릴 수 있다고 한다. 하지만 사과를 그렸는데 참외 같은 모양이 나오고 또 알 수 없는 과일이 나와서 모두가 한바탕 웃었다.

평소에 연필을 꾹꾹 눌러쓰는 습관이 있던 나는 연필 드로잉에서 흑과 백은 선명하게 나오지만, 부드러운 중간색이 나오지 않아 그림이 강하고 딱딱해 보였다. 아무래도 소질이 없는데 그림을 시작한 것 같다고 고민하는 나에게 김선영 작가는 특별히 재능을 타고난 사람이 아니면 1%의 재능과 99%의 노력으로 작품이 만들어지는 것이며 재능이 있어도 노력하지 않으면 좋은 결과를 얻을 수 없다고 했다. 그리고 각자의 작품은 자신만의 창작품이고 독창적인 표현이므로 걱정하거나 예민할 필요는 없다고 했다.

초등학교 시절 담임 선생님은 내 그림을 몇몇 아이의 그림과 함께 교실 뒤쪽 게시판에 자주 붙여주었다. 엄마는 어디서 들었는지 환쟁이는 가난하게 산다면서 내가 그림 그리는 것을 보면 질색했다. 공부하다가 지루해지면 공책을 들추어 가운데쯤에 그림을 그려 넣었는데 가끔 공책 검사를 하던 엄마에게 들키면 등 짝을 한 대 맞고 울면서 지우개로 그림을 지웠다. 그 후 그림은 생각할 겨를도 없이 세월이 흘렀고, 지금 이젤 앞에 앉아 연필심에서 나온 시커먼 흑연이 손에 묻어도 이 시간이 행복한 것은 어린 시절 맘껏 그리지 못한 그림을 그릴 수 있어서이다.

화실에 온 사람들은 나와 같은 마음으로 그림을 배우러 온 이들이었고 그들은 대부분 물감으로 그리는 과정에 빨리 들어가고 싶어 했다. 하지만 나는 연필 드로잉을 좀 더 배우겠다고 했다. 얼마 후에는 나도 그리고 싶은 그림의 종류를 선택하게 될 것이다.

그림 중에서 많은 사람이 좋아하는 수채화는 수채 물감과 물을 섞어 물의 양으로 색을 조절하면서 그리는 그림이다. 물감이 빨리 마르는 것이 수채화의 장점이다. 하지만 그림을 잘못 그렸을 때 마른 후에는 고칠 수 없어서 물감이 마르기 전에 신속하게 고쳐야 하는 것이 단점이다. 그래서 수채화는 화가와 물이 시간 싸움을 하는 그림이라고도 한다.

아크릴화는 수채화와 유화의 장점을 모두 갖추고 있다. 아크릴 물감은 물을 많이 섞어서 얇게 그리면 수채화의 느낌을 주고 물을 적게 섞어서 그리면 유화의 느낌을 낼 수 있다. 물로 그리지만 그림이 굳으면 물에 잘 녹지 않는 것이 장점이다. 또 아크릴 물감의 특징은 빨리 마르고 접착력이 좋으며 색감이 선명하게 나타나서 캔버스나 천, 종이, 나무, 벽면 등 다양한 곳에 그릴 수 있다는 점이다. 또한 온도나 습도의 변화에도 균열이 생기지 않고 색과 그림의 성질이 변하지 않아 오래 보존할 수 있는 것이 아크릴화의 강점이다.

유화는 물감을 기름에 개어 그리는 그림으로 유채화라고도 한다. 유화는 캔버스나 종이에 그리는데 잘 마르지 않는 특징이 있다. 유화 물감으로 오랫동안 그림 작업을 해야 할 때는 먼저 칠한 물감이 아직 마르지 않은 상태에서 나중에 바른 물감과 자연스럽게 어우러지는 것이 좋은 점이다. 유화가 마르는 기간은 보통 1~2주 걸리지만, 완전히 마르기까지는 한 달 정도가 걸린다. 그 이유는 오일 성분의 물감이 산화되면서 전체가 서서히 굳기 때문에 마르는 기간이 오래 걸린다.

그림을 배우면서 알게 된 김선영 작가는 '물그림자', 물에 비친 그림자를 주제로 그림을 그리는 작가다. 그림을 볼 줄 모르는 나도 그의 그림을 보면 오묘한 색에 빠져든다. 작가는 그동안 자녀를 키우고 병중인 시어머니를 돌보느라 그림을 떠나 지낸 시간도 있었지만, 그림을 다시 시작한 지 16년이 되었다고 한다. 여러 번의 개인전과 수상 경력도 있지만, 예술가들이 겪는 어려움을 그도 겪고 있었는데 예술혼을 불어 넣어 그린 그림들이 화실 한쪽에서 잠자고 있었다.

김선영 작가의 이야기를 듣다가 한 10년 전쯤인가 세상을 시끄럽게 했던 어느 유명인의 이야기가 떠올랐다. 대작 화가에게 한 장에 10만 원이나 20만 원을 주고 그림을 그리게 한 뒤 유명인 자신이 사인을 넣어 수백에서 수천만 원씩 받고 팔았다는 기사를 본 적이 있다. 안타까운 것은 그림을 대신 그려 준 이는 뉴욕에서 28년 동안 활동했던 화가였지만 한국으로 돌아와서는 집세조차 내기 어려울 정도로 생활이 어려웠다는 점이다. 모든 면에서 발전했다고 말하지만, 우리나라의 예술가들은 여전히 배가 고픈 것 같다.

그림을 배운 지 한 달 반쯤 지났을 때 화실 벽에 걸려 있는 그림들을 보다가 그림을 빨리 잘 그리고 싶은 마음이 들었다. 그래서 "저는 언제쯤이면 저 정도의 그림을 그릴 수 있을까요?"라고 터무니없는 질문을 하려다가 오랜 시간 그림을 그리면서 울고 웃었을 화가에게 예의가 아니라는 생각에 입을 꾹 다물었다. 그리고 화실 벽에 걸려 있는 액자 속 자작나무 숲길에 어여쁜 연인이 손을 잡고 걸어 들어오는 장면을 마음속으로 몰래 그려 넣었다.

엄마의 난전

이덕란

11월 하순인데 어제부터 내리기 시작한 눈이 오늘 아침까지 이어지고 있다. 걱정스럽게 창밖을 바라보고 있던 그때, 까치 한 마리가 내려앉자, 감나무 가지에 소복하게 쌓인 눈이 후드득 쏟아진다. 누군가 큰 인심 써서 한 개 남겨 놓은 까치밥을 까치 한 마리가 콕콕 쪼아 먹고 날아간다. 저만치서 기다리던 직박구리가 날아와 몇 번 쪼아 먹고는 사라진다.

또 다른 나뭇가지에 앉아 깃털에 쌓이는 눈을 털어 내던 까치가 날아와 서너 번 쪼아먹는다. 이렇게 번갈아 감을 먹던 새들이 약속이나 한 듯 동시에 날아가 버렸다. 커튼 뒤에 숨어서 이 장면을 몰래 훔쳐보던 나는 먹다 남은 감 반쪽을 새들이 다시 먹으러 올까 싶어 창밖을 내다보다가 문득 오래된 기억 하나를 떠올렸다.

어느 해 가을 퇴근하고 집에 와보니 큼지막한 양은 대야에 풋감이 가득 담겨 있었다. 간식거리가 변변치 않던 그 시절에는 덜 익을 감을 소금물에 담가 떫은맛을 뺀 풋감도 훌륭한 간식이 되던 때였다.

어머니가 내일 옆 동네 초등학교 운동회에 가서 장사를 해보려고 받아온 것이라고 했다. 엄마는 하나만 달라고 손을 내미는 동생들에게 못난이 감을 하나씩 주었다. 내가 야근을 좀 더 할 테니 장사를 나가지 말라고 말렸지만, 어머니는 오랫동안 생각하고 결정한 일인 듯했다. 나는 그날 밤, 이불을 뒤집어쓰고 눈이 통통 붓도록 울다가 잠이 들었다.

다음 날 어머니는 좋은 자리를 잡아야 한다며 아침 일찍 대야를 머리에 이고 어린 동생 손을 잡은 채 집을 나섰다. 감 함지 앞에 앉아 손님을 기다리는 어머니 모습이 눈앞에 어른거려 종일 일이 손에 잡히지 않았다. 그러면서도 어머니가 용기를 내어 무엇을 시작했다는 것에 내 짐이 조금 가벼워지는 듯했고 열심히 살면 잘될 것이라는 희망도 생겼다.

그날 퇴근해 돌아와 보니 감이 반쯤 남은 대야가 문간에 놓여 있었다. 떫은 감이 섞여 있어서 팔지 못하고 가지고 온 것이었다. 그런데 종일 슬퍼하고 걱정했던 내 마음과 달리 장사에 실패한 엄마 얼굴엔 생기가 돌았다. 그리고 다음번에는 다른 과일을 가지고 나가겠다고 했다. 하지만 엄마의 과일 장사는 오래가지 못했다.

인천으로 이사한 후에도 부모님은 도시에 적응하지 못하고 집 근처에 밭을 빌려 옥수수며 감자, 채소를 심었다. 시간이 흐르고 어머니는 세례를 받고 성당에 다니게 되었다. 성당 분위기에 익숙해질 무렵 어느 주일날 엄마는 미사 참례가 끝나기가 무섭게 밖으로 나갔다. 성당

마당 한 편에 가져다 놓았던 짐을 풀어 난전을 폈다. 상추와 열무, 풋고추와 깻잎 등 이슬이 채 마르지 않은 신선한 채소를 펼쳐 놓으니 마침 미사를 마치고 나오던 신자들이 우르르 몰려들었다. 엄마가 신이 나서 채소를 팔고 있을 때 누군가가 다가와 이곳은 물건을 팔면 안 되는 곳이라면서 오늘만 팔고 다음부터는 안 된다고 했단다.

그날 가지고 간 채소를 모두 팔고 돌아온 어머니는 그다음 주에도 미사가 끝나자마자 이번에는 성당 밖 담장 밑에 자리를 펴고 채소를 팔았다. 그런데 어떻게 알았는지 지난번에 나왔던 그 사람이 또 나타나 당장 치우라고 하는 바람에 짐을 싸고야 말았다고 한다. 무거운 대야를 가지고 버스를 타고 집에 오는 동안 그 남자에게 한마디도 못 하고 온 것에 화도 나고, 더운 날씨에 시들어 있는 채소를 보면서 속이 상했다고 한다. 그 후로 다시는 성당에 가서 장사하는 일은 없었다고 한다.

친정에 다니러 간 내게 엄마는 서운했는지 그 이야기를 꺼냈다. 성당 마당도 넓은데 거기서 좀 팔면 안 되겠냐면서 농약도 안 치고 키운 싱싱한 채소를 성당 사람들이 먹으면 좋고 엄마는 돈을 벌어서 좋지 않겠느냐고 말했다. 나는 부족한 지식을 동원해 엄마에게 성경 말씀을 설명해 주었다. 성당은 기도하는 곳인데 너도나도 그곳에 들어가 장사를 하면 성당이 장사하는 곳으로 변해서 안 된다고 했다. 내 말을 들은 어머니는 아무 말도 하지 않았다.

친정에서 김장하는 날 그 대야를 한눈에 알아본 나는 우그러진 대야는 이제 버리라고 하자 엄마는 저 대야는 아직 쓸만하고 돈도 많이 벌어준 대야라서 못 버린다고 했다. 엄마와 나는 마주 보면서 크게 웃었고 왜 웃는지 모르는 동생들도 따라 웃었다. 이제 어머니는 이 세상에 없지만, 채 마흔 살도 안 된 여인이 머리에 짐을 이고 난전을 펼 마음을 먹기까지 얼마나 많은 생각이 있었을까? 오늘 아침 감 하나를 사이좋게 나누어 먹다가 날아간 새들이 궁금해 창밖을 내다보다가 오래된 기억 한 자락을 꺼내 보았다.

쌓아둔 책 팔아요

권담희
jajuggot@hanmail.net

　예스24 중고 책 팔기, 예스24 중고 책 내놓는 이유, 중고 책으로 파는 이유, 왜 책을 중고로, 내 책 중고, 수필집 중고 등등 원하는 답을 얻기 위해 스마트폰 화면에서 손가락을 바삐 움직였다. 조금 전까지 손끝 통증으로 몇 시간만이라도 손을 묶어 놓자 했건만, 그것조차 잊고 씩씩거리면서 검색에 열을 올렸다.
　오랜만에 온라인 서점과 쿠팡을 돌며 첫 수필집 『주황색 거짓말』을 검색했다. 예스24에, 전에 없던 무언가가 눈길을 끌었다. 새 책 아래에 중고 샵이 생긴 것이다. 이게 뭐지? 누가 내 책을 중고로 내놨다는 거야? 자세히 살펴보니 예스24 직배송 1개, 매장 ON 1개, 판매자 배송 8개, 합이 10개였다. 누굴까? 읽긴 읽었을까? 그런데도 별반 소장 가치를 느끼지 못해 내놓은 것일까. 책장 자리만 차지하니 얼마라도 받고 팔아버리는 게 낫다고 생각한 걸까. 내 책들이 어느 구석에 처박혀 팔려 나가길 기다리며 천대받고 있는 것만 같아 순간 양손으로 왼쪽 가

숨을 지그시 눌렀다.

 책을 중고 시장에 내놓는 건 생각해 본 적이 없다. 중고 책을 사고 싶은 마음도 없다. 절판된 책을 겨우 중고로 구매할 때도 마지못했다. 내 책이 중고 시장에 깔린 걸 보니 그 심리가 너무 궁금했다.

 '알라딘중고서점 온라인 책 팔기, 얼마나 벌 수 있을까?' '안 읽는 책을 팔아보자-중고도서 판매 방법' '중고 책 팔기, 한 번에 여러 권 파는 꿀팁 대공개' '내 책장 정리하고 예스24 중고 책 판매로 수익 창출하기' 등 검색 결과에는 중고 책 관련 정보가 가득했다. 하지만 책을 중고로 내놓은 사람의 마음을 구체적으로 알 수는 없었다.

 낙심하던 차에 '그달 모나' 님의 「내가 쓴 책을 중고로 팔았다」라는 제목의 브런치 글을 발견했다. 글에 따르면 온라인 서점 알라딘은 대부분의 책을 중고로 매입하지만, 또 대부분의 책을 매입하지 않는다고 한다. 모순적인 말 같지만, 매입하지 않는 이유는 책 상태와는 상관없으며 알라딘만의 엄격한 규칙이 있기 때문이란다.

 즉시 알라딘 온라인 서점에 접속해서 『주황색 거짓말』을 찾아봤다. 화면 중간쯤에 중고로 알라딘에 팔기, 회원에게 팔기 등의 메뉴가 보였다. 예스24 역시 '이미 소장하고 있다면 판매해 보라'는 문구가 있었다. 현재 매입가는 1,500원 정도로 병아리 눈물만큼 소소한 금액이지만 그래도 이건 책을 산다는 얘기인가? 이쯤에서 벌써 내 머릿속은 희망 회로 돌아가는 소리로 요란했다. 내가 원하는 대답을 내놔 줘. '답정너'의 심정으로 브런치 글을 마저 읽어 내려가는데 김영하 작가의 헌책방 탐방기에 관한 이야기가 나왔다.

내친김에 유튜브에서 「헌책방에서 자신의 책을 발견한 김영하 작가의 반응」이란 영상을 시청했다. 김영하 작가의 헌책방에 대한 말은 이랬다.

여기는 냉정하고 엄격한 곳이에요. (오, 헌책방이 그렇다고?)

정말 작가가 오래 활동하고 인지도가 있어야만 헌책방에 남아 있어요. (응? 어… 아닌데, 난.)

헌책방 주인들이 책을 사서 파는 거잖아요. (그쵸, 그쵸.)

모를 만한 사람들(무명작가)의 책은 들여놓지 않아요. (저… 저요?)

그래서 어떤 작가들은 자신의 책이 헌책방에 있고 그러면 내 책을 갖다 팔다니, 나쁜 사람들 이렇게 생각하지만. (앗, 찔린다. 것도 무명인 주제에.)

저는 그렇진 않고요. (아, 그러시구나. 프로그램 맥락상 그래야 하고.)

우리도 헌책방에 가서 자신이 아는 책, 아는 저자를 만나야 반갑거든요. (맞아, 맞아. 지인 만난 거 같고 그렇긴 하지.)

그런 책을 사게 되는데, 더러 보면 제 책들이 있어요. 보면 반가워요. 내가 어느 정도 자리를 잡았구나. (악- 자리 잡은 정도가 아니시지요.)

말 한마디마다 혼잣말로 대꾸하며, 중고 책에 대한 인식이 바뀌는 것을 느꼈다. 사실은 강제성이 약간 개입된 인식 변화이기도 하다. 결론적으로, 헌책방에 입성하려면 되팔릴 가능성이 높아야 한다. 헌책방 주인이 매의 눈으로 검증하여 들인 책이니, 작가로서는 반갑고 기쁜 일이다. 온라인 서점에서 중고로 내 책을 판매하는 것과 헌책방의 그것과는 비교할 수도 없을 정도로 다르다는 것은 알고 있었지만, 눈치 없는 마음이 헤벌쭉 풀어지고 있었다.

내다 버리지 않고 중고 책으로 유통해 주는 것만으로도 감사한 일이라 여겨졌다. 배다리 헌책방 골목에서 보았던 수많은 책이 떠올랐다. 낙서 하나 없이 깨끗한 책들. 중고로 되팔 생각에 한 장, 한 장 조심스럽게 읽었을 사람의 숨결과 세월의 흔적이 고스란히 느껴지던 현장이지 않았던가.

세상 만물이 중고 아닌 것이 뭐가 있을까. 새것은 찰나와 같은 것. 그 찰나는 곧 중고로 넘어가는 순간이기도 하다고 혼잣말하고 고개를 끄덕였다. 겨우 책 한 권을 내놓고서 나는 누구든 내 책을 오래 소장하며 자주 갈피를 열어주길 바랐나 보다. 정작 나는 한 번 읽은 책은 책장 구석행이고, 읽을 책들은 퇴적층처럼 쌓아두면서 말이다. 그 책이 있는지조차 모를 바에야 중고 책으로 시장에 내어놓아 여러 사람이 한 번씩 페이지를 뒤적여 주는 것도 썩 즐거운 일이 아닐까. 먼지잼만도 못하게 팔린 새 책도 있는데 중고 책이 팔리겠냐고 한다면 할 말이 없지만 말이다.

중고 책에 대한 편협한 시선을 반성하고 긍정적으로 마무리하려 했으나, 또 다른 '중고 책 매입 불가 이유' 검색 결과가 내 마음을 흔들었다. 발행된 지 오래되었거나 재고가 많은 책, 혹은 중고로 구매하는 사람이 적은 책 등은 매입하지 않는다고 한다. 이는 온라인 서점 알라딘만의 따로 엄격한 규칙이 있는 건 아니라는 말인 듯하다. 알라딘 초기

화면 아래쪽을 보면 바코드 입력 표시가 있다. 책의 ISBN 바코드를 스캔하면 매입가가 뜨거나 매입하지 않는 경우 '매입 불가'라고 표시된다. 출판 후 1년 정도 지나면 내 책 역시 매입 불가로 뜨리라 예감하며, 책 한 권을 가지고 이래저래 곡선을 그리던 마음이 서서히 제자리를 찾아간다.

감정 쪼개기

권담희

"가지 한 조각이 펄펄 끓는 기름에 빠지는 순간" 이것은 어떤 감정에 붙인 이름이다. 무엇일까.

독일의 심리학 박사 레온 빈트샤이트의 『감정이라는 세계』란 책을 받아 들고 표지를 넘길까, 말까 고민했다. 감정이란 그때그때 기분 따라 자연스럽게 느끼고 흘러가는 것이 아닌가. 감정에도 세계가 있나, 아니다. 때로는 흘려보내지 못하는 감정도 있다.

두고두고 새록새록 분이 나서 한참을 씩씩거리는 감정도 있다. 사랑에 빠졌을 때 역시 단박에 사라지는 감정은 아니다. 그것뿐이랴마는 그렇다 한들 또 다른 감정에 밀려 수시로 변화하는 것이 감정의 세계 아닐까. ○○학 개론처럼 고리타분하고 따분한 이론 일색이지 않을까 하는 선입견도 한몫했지만, 20만 부 이상 판매된 심리 분야의 스테디셀러라니 약간의 호기심이 발동했다.

이 책은 두려움, 사랑, 지루함, 분노, 배고픔, 자기 자비, 애도, 인내심, 열정, 만족감 등 인간이 느끼는 열 가지 감정에 관한 이야기다. 수십 차례의 연구와 학술 토론, 주요 전문가들의 저서를 종합한 거대한 빙산과도 같은 자료를 바탕으로 작가의 관점에서 이를 재구성해 책을 완성했다고 한다. 예상과 달리 나는 책 내용에 깊이 빠져들었다. 특히 '분노' 챕터는 몇 번을 되읽었다. 사회 문제로까지 번지는 '분노조절장애'에 관한 여러 사건이 떠올라 더 관심이 갔는지도 모르겠다.

책에 따르면 일반적으로 사람들이 화를 내는 데는 따로 공식은 없다. 두려움과 혐오, 기쁨, 놀라움, 슬픔과 같은 감정은 각자 다른 방식으로 표현되며 이는 분노 역시 마찬가지다. 오히려 분노는 매우 개인적이며 다면적인 감정이다. 그리고 분노에 적절히 대응하기 위해서는 매우 개인적인 접근 방식이 필요하며, 과학계의 새로운 접근법인 이른바 '감정 쪼개기'가 어느 정도 도움이 된다고 한다.

에드바르 뭉크의 그림 「절규」에는 입을 크게 벌린 한 남자가 등장하는데 수평선에는 흔히 말하는 붉은빛이 감돌고 있다. 하지만 자세히 들여다본다면 그 붉은빛 안에는 메리노 레드와 퍼플, 펄 핑크, 짙은 주황과 테라코타, 티티안과 같은 색이 빼어나게 조화를 이루고 있다는 사실을 알아챌 것이다.
— 레온 빈트샤이트, 『감정이라는 세계』, 99쪽, 웅진지식하우스, 2022.

분노라는 감정이 단순하게 '노을이 붉다'라는 표현처럼 하나의 색으로 규정될 수 없다는 것이다. 감정 쪼개기란 내가 느끼는 분노를 좀 더

주의 깊게 들여다보고 정확한 이름을 붙이는 것을 의미한다.「절규」속 붉은색을 쪼개어 보면 각각의 이름이 있듯이 말이다.

언어로서의 '분노'라는 단어를 살펴보면 러시아어에서는 사람에 대한 분노를 '세르디츠야'라고 하고, 사회적 상황에 대한 일반적인 분노는 '즐리츠야'라고 한다. 인도어에서는 분노라는 감정이 다양함을 보여주는 데 '오비만'이라는 단어가 인상 깊었다. 이는 사랑하는 사람으로 인해 눈앞이 하얘질 정도의 열기를 경험하는 상태라고 한다. 그 상태에서는 누군가를 죽이면서도 동시에 무한한 애정을 느낄 수 있다는 것인데 우리말로는 '지독한 애증'이라고 할 수 있을까.

연구 전문가인 배럿 교수에 따르면, 감정 쪼개기를 활용하면 우리는 화가 났을 때 자신의 감정을 보다 잘 알아채고 대처할 수 있게 된다고 한다. 감정 쪼개기의 첫 번째 단계는 자신의 분노에 맞는 적절한 언어를 찾는 것이다.

2012년, 한 연구팀은 연구를 통해 자신의 분노를 자세히 들여다보고 그것에 이름을 붙인 사람이 그러지 않은 사람보다 자극을 덜 받으며 공격성이 덜 하다는 점을 발견했다. 또 우울증이나 사회성 불안 장애가 있는 사람들은 대체로 분노와 같은 부정적인 감정을 정확하게 묘사하지 못하는 것으로 나타났다. 어떤 것에 이름을 붙임으로써 우리는 그것들을 비로소 이해하기 시작한다. 색의 미세한 차이를 느끼고 색을 다루는 법을 스스로 깨쳐 가는 화가처럼 우리도 분노의 팔레트에 이름을 붙이고 다양성을 채워갈 수 있다고 한다.

"가지 한 조각이 펄펄 끓는 기름에 빠지는 순간"은 인도식으로 막바지에 치닫는 분노의 형태에 대해 묘사한 말이다. 우리말로 치면 '빡 치는 순간'쯤 될 것 같은데, 표현이 구체적이다.

자, 분노가 일어난다. 어떤 이름을 붙일까. 그 강도나 정도에 따라 미리 작명해 두었다가 골라 쓸까. 해소 방법도 곁들여 보면 어떨까. 예를 몇 가지 들어보자.

지각 출근길, 잘 달리는 옆 차로로 차선을 변경했는데 어라, 또 내 차로만 밀릴 때 감정.

- 짜증 단계 → 어차피 늦은 거 조금 더 늦지, 뭐.

시궁창에 구르던 젖은 나뭇잎이 느닷없이 얼굴에 척 달라붙을 때의 감정.

- 기분 더러운 상태 → 떼어내고 손수건으로 닦으면 될 일.

야근하고 집에 왔더니 개수대에 높다랗게 쌓인 온갖 냄비며 그릇이 나를 반길 때의 심정.

- 욕이 나오는 단계 → 와장창, 냄비 집어 던지며 설거지하다 보면 스트레스 해소도 되잖아.

내 머리가 증기를 뿜어대며 요란하게 돌아가는 압력밥솥 꼭지 같을 때.

- 폭발 직전 단계 → 불을 끄고 밥 뜸을 들이자.

장마철 폭우에 무너진 댐으로 폭포처럼 쏟아지는 물살.

- 폭발 단계 → 일단 도망쳐.

오랫동안 물려 있던 주식 피눈물로 손절했더니 팔자마자 날아갈 때의 심정.

- 돌아버리는 단계 → 머리털 쥐어뜯고 자책하다가 심기일전하는 수밖에.

언젠가 법륜 스님의 즉문즉설에 집중한 적이 있다. 마음 다스리기에 특별한 비법이 있는 건 아니었다. 그저 아, 내가 지금 화가 났구나. 불안하구나. 두려워하는구나. 마음을 들여다보고 알아채기만 해도 감정에 휘둘리지 않을 수 있다는 것이다. 그게 될까 싶었다. 다른 생각은 들어올 틈도 없이 날 선 감정으로 꽉 차 있는데 마음이 들여다보이기나 할까. 역시나 잘되지 않았다. 감정에 매몰되어 스님의 강의는 아예 잊었다.

그러다 의식적으로 떠올리는 연습을 했다. '내가 화가 났구나. 불안하구나. 초조해하는구나.' 내 마음 상태를 소리 내어 내 귀에 들리게 말했다. 감정에 공간이 생기고 숨구멍이 좀 뚫리는 것 같았다.

감정이 나를 집어삼키려 할 때 알아채는 것만으로도 숨이 쉬어지는데, 더 세분해서 색으로 나누고 이름을 붙여 감정을 쪼개기 한다면 어떻게 될까. 책에서 표현한 것처럼 더 많은 사람이 감정 쪼개기 기술을 익힌다면 거친 갈등은 줄어들고 상대의 말에 귀를 기울일 수 있게 될까. 펄펄 끓는 기름으로 낙하하려는 가지에 바늘구멍 정도는 낼 수 있겠지.

평양다방

이상술
ls416@hanmail.net

내 고향 성주 초전에 탈북민이 다방을 차렸다는 소문이 나에게도 전해졌다. 고향에 자주 내려가지는 않지만, 심심찮게 가는 편이라 웬만한 소식은 듣는다. 그 소식을 접하고도 한동안 나는 의아한 마음으로 지켜볼 수밖에 없었다. 이해되지 않았지만 내가 나서서 그 의문을 해결할 요량도 아니었기 때문이다. 성주 초전에서 다방을 운영한다는 것은 내게 하나의 고정관념이었다. 더구나 그 주체가 탈북민이라는 사실이 쉽게 받아들여지지 않았다.

우리 시골에서 다방이란 단순한 차 문화 공간 너머의 의미를 지닌다. 남녀노소가 모여 소통하는 장소지만, 그 이상의 역할을 한다. 이면은 더욱 많은 부분이 숨겨져 있기도 하다.

농촌은 이미 거대한 자본주의의 톱니바퀴에서 벗어나고 있으며, 농촌에서의 인구 재생산구조는 무너지고 있다. 학교는 아이들의 노랫소리가 멈췄고, 극소수의 학생들만 텅 빈 교정에 어울리지 않은 옷을 입은 듯한 모습으로 남았다. 나이가 들어 곧 사라질 노인들은 이미 노동을 기계에 맡겨놓고 가쁜 숨을 내쉴 따름이다.

이런 상황에서 시골 면 소재지에 다방이 십수 개가 넘는다는 것은 넘쳐난다는 표현이 어울린다. 정상적인 다방의 수요는 열 개 미만도 많다고 할 수 있다. 그런데도 이처럼 계속 생겨나는 이유는 무엇일까.

시골 출신 남성들에게 손을 내미는 내국인 여성들은 거의 없다. 꼭 없지는 않겠지만 그만큼 찾기 어렵다는 의미다. 내 친척 중에도 홀아비로 늙어가는 사람이 한둘이 아니다. 동생도 홀아비로 예순다섯 살이 넘었다. 사촌 형의 아들은 쉰을 넘겼다.

성주는 참외 집산지로 유명하다. 전국 생산량의 70%를 차지할 정도다. 젊은이는 많지 않지만, 수십 년 동안 참외 농사를 지으며 사람들의 연륜도 깊어졌다. 어떤 일이든 재생산구조 확립은 중요하다. 이는 농업을 지속할 다음 세대 확보와 직결된다. 하지만 농촌에서는 그 재생산이 이루어지지 않고 있다.

이곳은 나이 많은 이들과 세상살이에 실패하고 갈 곳 없이 고향으로 돌아온 사람들, 고향은 아니지만 참외 농사를 지어 생활고를 해결해보려는 사람이 모인 곳이다. 자연스럽게 다방의 수요도 늘어났고, 그곳은 참외 농사에 지친 남성들의 휴식처가 되었다. 가정이 있다면 다방에 그렇게 자주 들락거릴 이유가 없을 것이다. 참외 농사를 짓다 외로움을 느끼면, 그곳에 들러 차 한잔을 마시며 종업원들과 세상 돌아가는 이야기를 나누기도 한다. 다방이 외로움을 달래며 나아가 인간적인 다정함을 공유하는 장소가 된다.

　요즈음은 좀 달라졌겠지만, 옛날에는 다방에 새로운 직원이 오면 여기서도 권력 구조가 작동했다. 시골은 면장이나 군수가 최고의 권력자인데, 군수는 그래도 체면이 있어서인지 다방 종업원을 함부로 대하지는 않았다. 그러나 면장은 달랐다. 작은 동네에서 최고 권력자인 그는 권력을 행사하고자 했다.

　다방 종업원은 1순위로 면장의 하루 봉사자가 되고, 그다음은 동네 유지 중에서 누군가가 돈 자랑을 하며 접근했다. 내가 젊은 시절, 동네 방위 활동을 하던 때에도 민방위 사무실에 가면 이런 이야기들이 들려오곤 했다. 면장이 다방 아가씨와 하룻밤을 보낸 뒤 성병에 걸렸는데, 단순한 임질이 아니고 매독에 걸려 쩔쩔맨다는 소문도 있었다.

　얼마 전, 내가 나이 들어 경험한 일도 있다. 무슨 볼일이 있어 다방 문을 열었는지는 잘 기억나지 않는다. 출입문을 덜컥 열고 안으로 들어가려던 순간, 동네에서 형님이라 부르는 예수쟁이와 눈이 마주쳤다. 그는 이미 칠십이 넘은 나이였는데 다방 종업원과 손을 잡고 놀고 있었다. 나와 눈길이 닿자마자 동작을 멈칫했다. 나는 얼른 고개를 돌려 못 본 척했지만, 실은 꽤 놀랐다.

　그 형은 내가 어릴 적부터 다니던 동네 교회의 초등학생 성서 교사였고, 그의 아버지는 장로였다. 나중에 알게 된 사실이지만, 아내는 이미 세상을 떠났다고 했다. 자식들은 대처에서 각자의 삶을 살았다. 그는 늙은 아비로 시골집에 홀로 남았다. 나름대로 재력이 있고 건강도 좋았지만, 마누라 없는 시골집의 적막함은 그를 다방으로 향하게 했고 하나님은 그만 뒷전이 되었다.

이처럼 다방은 시골 남성들의 예배당 같은 곳이 되었다. 도덕적인 성직자가 아닌 이상, 이 시골이 도덕의 성지가 될 수는 없는 것 아닌가. 가정을 이루지는 못할망정 욕구는 해소해야 하지 않겠는가. 어쩌면 다방과 시골 남성들은 공존의 미덕(?)을 만들어 가고 있는지도 모른다. 이 공존이 지속되기에 이곳 남성들의 삶은 이어지고, 그 속에서 또 다른 형태의 관계가 유지되는지도 모른다.

탈북자들이 이런 시골에서 다방을 개업했다? 그 말을 처음 들었을 때 여러 가지 망상이 뇌리에 스쳤다. 저들이 이곳을 어떻게 알고 찾아와 다방을 차렸을까. 북한을 뛰쳐나온 이유는 무엇일까. 세상을 가질 것 같은 포부를 채울 수 없어 그곳을 거부했을까. 아니면 경계 지점에 자리 잡고 이들을 유혹하는 전도사에 의해 불쑥 선을 넘은 것일까. 왜 하필 이곳 성주에 왔을까?

얼마쯤 시일이 지나서 나는 고향 친구와 함께 평양다방을 직접 방문했다. 한 테이블 옆자리에 앉아 있으니 중년 여성이 신 마담이라고 자신을 소개하며 우리 곁으로 다가왔다. 나는 어째서 다방 상호를 평양다방으로 했는지 대뜸 물었다.

마담은 자기가 평양 출신은 아니고 함경도 회령인가 출신이라고 했다. 중국과 접경지역이라 중국의 실상에 대해 어느 정도 알고 있는 듯했다. 먹고살기 힘들어서 탈북하였고 중국과 동남아를 거쳐 남한에 왔다. 상호를 평양다방으로 한 것은 북한을 대표하는 도시가 평양이므로 평양다방이라 지었다. 그러나 이곳 성주에 머문 이유에 대해서는 똑 부러지게 말하지 않았다.

조금 있으니 우리 테이블에 서너 명의 종업원이 더 와서 앉았다. 모두 탈북한 북한 여성들이라고 소개하였다. 차를 마시면서 북한의 이모저모를 물어보았으나 속 시원한 대답을 듣지는 못했다. 다만, 성주에 오면 다방이 잘 운영될 거라는 이야기 정도만 들었다. 하긴, 처음 만난 우리에게 자신의 속내를 모두 이야기할 리 없고, 또 여기에 다방을 열었다고 해서 세상사 다 알고 왔다고 볼 수도 없는 것 아니겠는가.

그런데 이 평양다방, 그리 크지 않은데도 종업원이 대여섯 명이나 옹기종기 있는 것이 신기하기도 했고 우리의 시선을 끄는 것은 당연하지 않을까. 이후에도 시간이 나면 평양다방에 들러 그들에게 둘러싸인 채 차를 마시곤 했는데, 우리 동네 여느 다방과 다르지 않다는 느낌을 받았다.

나는 관심을 가지고 평양다방을 지켜보았다. 대구에서 생활하다가 시간이 나면 시골에 들러 친구에게 그곳 소식을 묻곤 했다. 그러나 내가 예측한 대로 변화된 모습을 보이지는 않았다. 가령 이들이 우리 시골 다방과 같이 적응하고 이 지방 사람들과 어울려 공존하는 모습을 보여 주지는 못했다.

그들이 어떠한 경로를 통해 남한 사회에 왔는지, 오는 과정에서 생존을 위한 다양한 경험을 했는지는 알 수 없다. 많은 경험이란 단번에 나타나는 것이 아니라 시간을 두고 서서히 드러나는 법이다. 그러나 지금까지의 모습을 보면 남한 사회의 자본주의적 생활 방식이 익숙하지는 않은 것 같다. 그들 사회에 대한 불만이 있더라도 그곳 사회의 익숙한 제도나 관념을 완전히 배격하며 살아온 것은 아닐 터였다.

　나는 그들이 이곳 남한 땅 성주에 오면서 솔깃한 정보나 살아가는 이야기를 들어 그대로 생존방책을 실행할 것이라는 생각이 너무 앞서 갔음을 느꼈다, 언젠가 그들도 오랜 시간의 역사 속에서 자본주의와 상품화의 흐름에 휩쓸려 자기의 몸까지도 상품화하는 모습으로 전락할 수도 있지만, 아직 그렇지 않다는 것에 안도한다.
　돈을 벌어 여전히 북한 땅에서 살아가는 딸에게 도움을 주고 싶다는 마담의 노력이 경이롭다. 어떤 경로를 통해 그것이 가능한지는 알 수 없지만, 그들의 삶이 눈물겹다.

3차 세계대전이 다가오고 있다

이상술

3차 세계대전이 다가오고 있다. 아니 우리가 느끼지 못하는 사이에 살며시 오고 있다. 우리는 지금 먹고살기 힘들어 아무 생각 없이 일에 허덕이고 있는데, 그들은 오고 있다.

이런 시점에 우리는 정신 나간 이가 있어 내란을 겪고 있는데 3차 세계대전에 휘말릴지도 모르겠다. 정신 나간 이는 어쩌면 자기 회생을 꾀하는 절호의 기회라고 덤벼드는지도 모르겠다.

2차 세계대전이 반파시즘 전쟁이라면 3차 세계대전은 1차 세계대전처럼 가늘고 복잡하게 진행될지도 모른다. 지금은 2차대전의 승리자가 파시즘의 길을 걷고 있으며, 과도한 세계의 개입으로 인해 그들의 주도성을 상실해 가고 있다. 산업기반도 허물어지고, 3차 산업의 허울만 남아 점점 2차 세계대전 이후의 위력을 발휘하지 못한 채 노쇠해지고 있다.

좀 더 노골적으로 이야기하자면 자본축적의 위기를 겪고 있다. 자본의 이윤율 저하로 인해 그들이 힘을 쓸 수 있는 토대가 붕괴하고 있다. 그들이 주춤하는 사이, 중국과 러시아가 미국에 태클을 걸고 있다.

우선 러시아와 우크라이나의 전쟁을 살펴보자. 유럽과 러시아의 지도를 펴놓고 보면 소련의 붕괴 이후 미국과 나토의 동진정책은 거의 성공을 거두었다. 비록 러시아와 가깝기는 하지만 헝가리도 나토의 일원이다. 폴란드, 체코도 나토 가입국이다. 나아가 발트 3국(에스토니아, 라트비아, 리투아니아)도 가입했다. 우크라이나 또한 나토에 가입 원서를 냈다. 그러니 러시아는 더 이상 못 참겠다며 우크라이나를 침공했다.

지금까지 중립을 유지하던 노르웨이, 스웨덴, 핀란드도 나토에 가입 원서를 냈다. 이에 따라 러·우 전쟁은 더욱 격화되었다. 나토와 미국은 우크라이나에 막대한 무기를 지원하며 러시아와의 전쟁을 부추겼다. 우크라이나는 독립 국가 형태도 갖추지 못한 상황이었으나, 미국과 나토의 지원을 받아 이들 나라의 무기를 이용해 러시아를 공격했다.

어찌 되었든 소련의 연방국 정책에는 여러 문제점이 있었던 것으로 보인다. 소련이 해체되면서 독립 국가가 된 각 나라는 서방으로 향했다. EU에 가입하고 나토에 소속되면서 민족주의적 열망을 강하게 드러냈다. 그러나 각 나라는 통합적 정세 판단보다는 반소련 정서가 강하게 나타나면서 대립과 투쟁이 격화되었.

그것은 안정적인 국력 축적이 아니라 분열적 파괴로 나아갔고, 국민의 피폐로 이어졌다. 우크라이나 역시 자국의 지정학적 의미를 지나치게 간과한 것으로 보인다. 자주적 외교의 실패였다. 자기 땅에서 미국과 서방의 용병 노릇이나 하는 꼴이 되었다.

러시아는 이러한 정세에서 나토와 국경을 맞대는 상황을 결코 인정할 수 없었다. 이념이 지배하는 시대에서는 미국과 대립하는 중심축이었는데, 나토와 맞닥트리는 것은 심각한 위상 추락이었다. 그 위상 회복을 벼르는 러시아의 처지에서 우크라이나의 변심은 인내의 한계를 벗어나는 것이었다. 러시아는 우크라이나를 침공하였고, 속전속결 승리를 원했으나 우크라이나에 대한 나토와 미국의 지원으로 전쟁은 장기화하였다. 특히 바이든은 우크라이나에 막대한 지원을 하여 우크라이나의 저항이 지속되기를 바랐다.

그런데 미국은 선거를 통해 권력 교체가 이루어졌다. 트럼프의 귀환이다. 미국 우선주의를 표방하는 트럼프의 승리는 새로운 변화를 초래할 것이다. 그는 선거 과정에서 러시아·우크라이나 전쟁의 종식을 주장했다. 소득 없는 전쟁에는 참여하지 않겠다는 것이다. 동시에 미국은 세계를 모두 책임질 수도, 책임질 필요도 없다고 선언했다. 물론 핵심 이해가 있는 곳에서는 양보하지 않겠다는 주장이다. 세계를 향해 관세를 적용하겠다는 선언, 특히 중국을 견제하겠다는 것은 패권 국가로서의 위상을 확실히 지키겠다는 뜻이다.

바야흐로 세계는 각축의 시대다. 새로운 블록이 형성되며, 이를 발판으로 영향력을 확대하려 하고 있다. 미국은 빼앗기지 않으려 하고, 러시아는 더 이상 밀리지 않으려 하며, 중국은 새로운 강자로서 도약하며 힘을 과시하고 있다. 최근 중국에서 개발한 '딥 시크Deep Seek'는 미국뿐만 아니라 서방에 큰 파란을 일으켰다. 미국이 자기들만 가능하다고 여겼던 기술을, 중국이 더 실용적이고 저비용으로 생산할 수 있다는 사실에 놀라고 있다.

이처럼 미국의 패권은 하나하나 무너지고 있다. 과거 그들이 전쟁과 착취, 강압을 통해 누렸던 지위는 점차 수명을 다해 가고 있다. 유일 패권국이던 미국은 중·러의 부상과 함께 3파전 구도로 재편되었다. 조만간 인도의 눈부신 등장이 예상된다는 분석도 나온다. 물론 현재 미국이 다른 국가들에 비해 압도적인 우위를 유지하고 있지만, 미국을 제외한 세 나라가 연합한다면 그들이 승리할 가능성이 있다는 전망도 제기된다. 이러한 국제정세가 초래될 때 한국의 장래는 불투명해질 수도 있다. 미국만을 바라보다가 스스로 길을 잃는 상황이 되지 않을까 우려된다.

이러한 국제정세 속에서 한국은 지금 전례 없는 살얼음판을 건너고 있다. 소영웅주의적 성향을 지닌 윤석열의 등장으로 국정은 혼란에 빠졌다, 정치는 사라지고 검찰 권력만 남았다. 정적 제거하는 데 몰두하여 대화와 타협은 실종된 상황이다. 급기야 비상계엄을 선포하여 국회의 정치 활동을 금지하려다가 탄핵 소추당하는 처지에 이르렀다.

그러나 여전히 혼란은 지속되며 후진적인 정치행태는 사라지지 않고 있다. 통일국가를 형성하지 못한 우리의 처지가 극단적인 상황을 초래하고 있는지도 모른다. 한발 더 나아가 윤석열은 북한이 러시아의 동맹국이 되어 러·우 전쟁에 참여하자, 우리는 우크라이나의 편에 서서 북한과 대적해야 한다고 국민을 자극했다.

그는 자유민주주의 수호를 명분으로 전 세계 우파의 총결집을 주장하며 선동적 언어를 쏟아내고 있다. 우리와 직접적인 관련이 없는 전쟁에 개입하기보다 우리 스스로 자존을 유지하며 복지국가로 나아가는 것이 더 중요하다.

자유민주주의는 절대 선도 절대 진리도 아니다. 자유민주주의가 곧 민주주의인 것도 아니다. 오히려 민주주의는 파시즘으로 변질될 가능성을 내포하고 있다. 특히 무리하게 한국이 전쟁에 뛰어들어 국가적 파멸의 위험을 자초하는 것도 파시즘적 행태라 할 수 있다.

조만간 미국의 도널드 트럼프와 우크라이나의 볼로디미르 젤렌스키가 만나 전쟁 종식을 위한 협의를 진행할 것으로 보인다. 사실 트럼프는 성과 없는 전쟁에 막대한 미 재정을 투입하는 것을 반대해 왔다. 반전과 평화를 위한 것이 아니다. 혹시 3차 세계대전으로의 점화를 막기 위해 전쟁을 종식하려는 것도 아니다. 해외로 빠져나가는 재정을 국내에 투입함으로써 '미국을 위대하게' 만들겠다는 자신의 구상을 실현하려는 목적을 가지고 있다. 더욱 확고한 패권을 유지하기 위한 전략의 일환이다.

트럼프의 이러한 노력이 의도대로 이루어질지는 미지수다. 미국의 전성시대는 이미 저물어 가고 있다고 보는 것이 타당하다. 그들의 2차 산업은 붕괴했으며, 이를 재건하기 위해 안간힘을 쓰고 있지만, 성공

여부는 불확실하다. 패권을 유지하기 위해 온갖 방법을 동원하겠지만 군웅할거의 대립은 피할 수 없는 상수다. 누군가의 무모함이 치명상을 초래할 수 있기에 더욱 신중해야 할 지점이다. 러·우 전쟁의 방향도 어떻게 전개될지 쉽게 단언할 수 없으니 두고 볼 일이다.

　본질적으로 자본주의는 자유와 창의를 바탕으로 효율성을 극대화하지만, 그 자유를 소유함으로 독점을 낳고 국가적 파시즘으로 전환되는 위험을 안고 있다. 파시즘은 경쟁과 대립을 가속화하고 전쟁을 통해 패권을 추구한다. 패권은 지역 패권에서 세계 패권으로 나아가려 하고 세계 전쟁을 매개하여 나타난다. 우리가 자유민주주의를 운위하며 패권전쟁에 휘말린다면 스스로 파멸의 길을 걷게 될지도 모른다.

땡감과 사주팔자

이성화
ichingmac@naver.com

산모는 식은땀을 흘리며 늘어져 있었다. 제대로 힘을 주어야 할 텐데, 의식이 흐렸다. 이제는 정말 아이를 낳아야 했다. 아니, 벌써 한참 전에 아이가 나오고도 남을 시간이었다. 산모와 태아의 상태가 심상치 않았다. 초조한 얼굴로 산모를 살피던 산파는 발을 동동 구르며 보호자를 찾았다. 남편이라는 사람은 어디 가서 한잔 걸쳤는지 술 냄새를 풍기며 들어왔다. 그러고는 새벽에 산모를 데려와서 했던 말만 반복했다. 미未시에 낳아야 하니 오후 1시 넘어서 애를 받으라고.

"이 양반아, 애 아빠란 사람이 어디 갔다가 이제 와? 미시고 미친 시고 간에 나는 애 못 받아. 애 엄마랑 애, 둘 다 죽이고 싶지 않으면 얼른 병원 데리고 가요!"

그렇게 병원까지 가서 고비를 넘기고, 아버지가 원하던 미시에 나는 태어날 수 있었다. 서른한 살, 당시 초산으로는 엄청난 노산이었던 엄마 배에는 굵은 지렁이를 얹은 것 같은 제왕절개수술 자국이 남았다.

엄마는 고향 논두렁을 걷다가 감 줍는 꿈을 꾸고 나를 가졌다고 했다. 감 줍는 꿈은 예상치 못한 큰 행운을 상징하는데, 태몽으로 꾸었을 때는 아이가 뛰어난 능력과 행운을 타고난다는 의미란다. 문제는 엄마가 좋은 과일을 볼 때마다 눈을 흘기며 의심했던 것처럼 설탕 주사라도 놓은 듯 단내가 풍기고 왁스 칠이라도 한 듯 반드르르한 예쁜 단감이 아니었다는 거다. 푸릇한 땡감인 데다 흠집이 있는 못생긴 감이었단다. 내가 잔병치레할 때마다 엄마는 덜 익은 감을 주워 와서 그렇다며 혀를 찼다. 태몽은 건강한 아이가 태어나 훌륭하게 자랐으면 하는 부모의 마음이 담긴 것일 텐데, 땡감 소리는 어지간히 하시지. 그랬으면 타고난 능력과 행운이 있다며 기분이라도 좋았을 텐데.

내가 태어나기 전, 엄마는 첫아이를 유산했다. 그 아이가 생겼을 때, 아버지는 틀림없이 아들일 거라고 나오지도 않은 배를 어루만지며 좋아했더란다. 아이를 잃고 상심이 채 가시기도 전에 생긴 것이 나였다. 내가 뱃속에 있을 때도 아들이라며 좋아했는지는 모르겠다. 궁금했지만, 묻지 않았다. 아들이었을지도 모르는 아이를 잃은 부모님이 상심한 채 맞이한 내가 딸이어서 실망했다는 얘기 끝에 들은 말이라 어린 나는 그저 귓등으로 흘려버리려 애썼다.

사주팔자의 여덟 자 중 아버지가 정한 생시生時는 아들일 거라는 기대를 담아 정한 것일까? 엄마는 지금의 내 나이, 그러니까 50대 초쯤 명리학을 배우러 다녔다. 지하철역 앞에 돗자리를 펴고 배운 것을 써먹기도 했지만, 벌이로 보면 그다지 용한 사주쟁이는 아니었다. 엄마가 본 내 운세에서 생시는 썩 좋지 않나 보다. 그냥 원래 시간대로 태어나게 됐으면 좋았을 걸 그랬다는 말을 종종 했다. 나오는 애를 도로 집어넣을 수도 없는데, 못 낳게 막고 서서 딸내미 팔자를 꼬았다며 아쉬워했다. 아버지의 바람대로 아들이었다면 좋은 시간이었을까? 그때도 나는 엄마의 한탄을 그저 흘려들었다. 다른 애가 나올 것도 아니고 아들로 바뀌는 것도 아닌데, 몇 시간의 차이로 인생이 얼마나 달라지겠는가 싶어서였다.

아버지가 정해준 생시로 태어난 나는 사주대로 살고 있을까. 청개구리 성격을 타고났는지는 모르겠으나 부모님이 사주풀이를 토대로 제안한 것을 따르기보다는 그저 내 마음이 끌리는 대로 살았다. 그래도 부모님의 영향 때문이었던지 내 아이가 태어났을 때, 남편이 사업을 시작할 때, 같이 가보자는 지인을 따라서도 철학원이라고 이름 붙여진 곳에 간 적은 꽤 있다. 그곳에서 들은 말은 고개를 끄덕이게 하기도 했고, 때로는 갸웃거리게도 했다. 드라마 작가가 되고 싶은데 기회가 있을 것 같냐는 물음에, 어떤 역술가는 내가 출산한 해를 짚어주며 그 기회 대신 아이들을 얻었단다. 그러면서 언제 또 기회가 올 수도 있다며 해당 연도를 알려주었지만, 연도를 기억해 두지는 않았다. 또 다른 이는 어릴 때 아버지에게 사랑을 많이 받은 좋은 사주라고 했다. 내가 느끼지 못한 그 사랑은 어디로 갔는지 누구에게든 묻고 싶었지만, 그건 그냥 아버지 혼자 간직했었나보다 짐작만 하고 말았다. 명리학을 공부한 사람들이 들으면 기함할 소리일지 모르겠으나, 그저 코에 걸면 코걸이, 귀에 걸면 귀걸이 식의 해석으로 넘겨버렸던 것 같다.

요즈음은 생년월일을 입력하면 간단하게 사주풀이를 해주는 앱도 많다. 지인이 잘 맞는다며 공유해줘서 깔아 놓고 재미 삼아 한 번씩 열어보았다. 다른 사람 생일도 넣어볼 수 있어서 남편 정보를 입력하니 배우자 외모에 대한 설명이 딱 내 모습이었다. 동그란 얼굴에 작은 키 어쩌고저쩌고…. 그런데 내 생일을 넣었더니 남편과 영 딴판인 외모를 설명해 주었다. 연애는 사주대로 하고 결혼은 반대로 한 거였다. 그러면서 내 전성기는 50대 초반부터 시작된다는데, 이미 결혼 후부터 사주와는 상관없는 삶이 된 것 아닌가.

엄마는 내가 땡감이라 생기다 말았는지 애가 부실하다며 핀잔을 주었지만, 유난히 땡감을 좋아했다. 가을이면 익지도 않은 감을 따다가 입안 가득 떫은맛이 도는 것을 소금에 찍어 먹고는 했으니까. 그렇게 치면 나는 땡감이었기에 엄마한테 더 사랑받은 것은 아니었을까, 싶기도 하다.

땡감의 떫은맛을 줄이는 과정을 '우리기'라고 한다. 전통적인 방법의 하나가 알코올을 이용한 것이다. 시골에서는 흔히 소주에 담갔다가 아랫목에 이불을 덮어둔다. 그렇게 숙성시키면 떫은맛이 빠져 당도가 높아진다. 또 다소 시간이 걸리지만, 따뜻한 햇볕 아래에 두어 자연스럽게 타닌을 분해하는 햇볕 우리기도 있다. 백 세 시대라고 하니 인생의 절반에 선 시점, 땡감의 삶은 따뜻한 햇볕과 씁쓸한 소주에 단련되어 저도 모르게 단감이 되어갔을 터다. 살면서 큰 행운은 아닐지라도 소소한 행운은 있었고, 대단한 능력은 없어도 이 험한 세상에서 아이 셋 키우며 나름대로 잘 살아 왔다. 그러니 태몽이 맞든 사주가 맞든 앞으로의 내 삶은 점점 더 달곰해질 것이라 기대하며 사주 앱은 이제 삭제해야겠다.

쥐약 번데기

이성화

유난히 어린 시절 기억을 잘하는 사람들이 있다. 나는 유난히 기억을 못 하는 편이다. 그런 내게도 단편적이지만 강렬한 기억이 몇 가지 있다.

대여섯 살 무렵이었던 것 같다. 구미 선산읍에서도 더 들어간 산골 외갓집에 놀러 갔을 때였다. 엄마와 외할머니는 나물이라도 다듬고 있었던지, 나는 혼자 놀았다. 개천가에 굴러다니는 노끈을 주워 질질 끌고 다니며 강아지 산책놀이랍시고 했던 것 같다. 줄 끝에는 아무것도 매달려있지 않지만, 잘 따라오는지 돌아보며 뒷걸음질 치다가 개천 아래로 떨어졌다. 내 기억은 개천에 떨어지기 직전까지다. 왼쪽 눈꼬리 세 바늘, 눈썹 위를 네 바늘 꿰맸고, 눈을 잃지 않은 게 천만다행이라고 했다.

비슷한 시기였다. 큰집에 가기 위해 기차를 타고 구미역에 내리면 시장을 지나가야 했는데, 마침 오일장이 서는 날이라 번잡했다. 리어

카에서 번데기를 팔고 있었다. 평소에는 번데기를 뚫어지게 쳐다보며 침을 질질 흘려도 겨우 얻어먹을까, 말까였는데 그날 엄마는 선뜻 큰 봉지로 사주었다. 신이 나서 들고 간 번데기는 큰집에 도착할 때쯤 식어버렸고, 언니들과 노느라 뒷전이 되었다. 한참 놀다가 숨바꼭질하느라 들어간 다락에서 식어 빠진 번데기를 발견했다. 우걱우걱 신나게 집어먹었다. 그 뒤 이야기는 큰집에 갈 때마다 언니들이 놀리듯 들려주어서 알게 되었다. 급하게 병원으로 가는 버스에서도 나는 천진하게 노래하고 웃고 떠들었다고 한다. 그 번데기는 큰엄마가 쥐를 잡으려고 쥐약을 섞어 놓은 것이었다. 놀란 엄마와 큰엄마는 나와 언니들을 데리고 병원으로 달려갔단다. 위세척했는지 어쨌는지는 전혀 기억에 없다.

그 이후인지 이전인지 모르겠으나 또 비슷한 시기였다. 왼쪽 귀 아래쪽이 볼록해져서 종기가 생긴 줄 알았다. 당시엔 의료보험도 없었고, 작은 질병으로 병원에 가는 일이 드물었다. 엄마는 약국에서 고약을 사 왔다. 내가 길 건너 약국에 고약을 사러 심부름 가기도 했다. 엄마가 불에 녹인 고약을 귀 옆에 붙여주었던 것도 어렴풋이 기억난다. 그러다 종기가 터졌는데, 고름이 멈추지 않고 계속 흘러 병원에 갔다. 알고 보니 단순 종기가 아니었고, 결핵성 림프샘염으로 인해 림프샘이 커지면서 농양이 터진 것이었다. 응급실에서 마취도 없이 농양을 짜내고 수술실로 들어갔다는데, 그 기억은 없다. 그 뒤로 1년간 결핵약을 먹어야 했는데, 알약을 삼키지 못하니 엄마가 알약은 숟가락으로 갈고, 캡슐은 빼서 가루만 털어 물에 개어 주었던 기억이 난다.

엄마는 그때 얘기를 할 때마다 딸내미 하나 키우며 응급실을 뛰어다닌 아찔한 기억이 강하게 남았는지, 병원 풍경만 설명해 주었다. 내게는 시골 특유의 편안하고 고요했던 분위기와 외할머니의 따뜻함, 너그럽게 열린 엄마의 지갑과 언니들을 만난다는 설렘, 아픈 것도 잘 참고 심부름도 잘한다는 칭찬만 남았다.

심리적 방어 기제가 작용해 고통스러운 기억을 스스로 지운다는 것은 여러 심리 분석 이론에 나타나며 영화의 소재로도 많이 쓰인다. 스트레스 호르몬이 기억의 저장과 회상을 방해할 수 있다니, 내 경우에도 그랬나 보다.

삭제된 기억 덕분에 스물일곱 시간의 진통 끝에 큰딸을 수술로 만났을 때나, 두 달이나 빠른 진통으로 배내똥 섞인 양수가 터져 오밤중에 구급차를 타고 작은딸을 만나러 갈 때도 침착할 수 있었는지 모른다. 셋째 아이를 출산할 때는 노산인 데다 세 번째 수술이어서 의사가 더 걱정이 많았다. 여러 부작용을 늘어놓고, 자궁을 떼어 낼 상황이라는 염려에도 태연하게 수술실로 들어갔다.

부실한 기억력, 아니 충실히 일한 무의식 덕분이라고 스스로 토닥여 본다.